SAINTE GERMAINE COUSIN

AUX PÈLERINS

DE

SAINTE GERMAINE COUSIN

A PIBRAC

VIE POPULAIRE ET ILLUSTRÉE DE LA SAINTE,
NEUVAINE,
RECUEIL DE PRIÈRES ET DE PRATIQUES DE DÉVOTION
EN SON HONNEUR

Par le Père F.-L. C. s. j.

AU BÉNÉFICE
**de l'Œuvre de la reconstruction et de la décoration
de l'église de Sainte-Germaine,
à Pibrac**

ABBEVILLE
C. PAILLART, IMPRIMEUR-ÉDITEUR
des Brochures illustrées de Propagande Catholique

ARCHEVÊCHÉ DE TOULOUSE

Non seulement nous autorisons la publication du livre intitulé SAINTE GERMAINE, à Pibrac, *mais nous formons des vœux pour qu'en se répandant il étende de plus en plus la dévotion à la Sainte bergère.*

Toulouse, le Dimanche du Bon-Pasteur, 8 avril 1894.

† Fl. Card. DESPREZ,
Archevêque de Toulouse.

La *Petite Vie populaire et illustrée de sainte Germaine Cousin*, qui ouvre ce modeste volume, a déjà paru en brochure de propagande (1), et ses éditions vont se multipliant.

Augmentée du récit d'un certain nombre de miracles et de quelques détails historiques sur l'église de Pibrac et sur les reliques de la Sainte, elle a paru aussi, sous le titre de *Vie populaire de sainte Germaine Cousin,* en un petit volume de format élégant et d'impression soignée, propre à être offert comme livre de prix aux élèves des écoles catholiques (2).

Le texte qu'on va lire est la reproduction de cette *Vie populaire.* On y a seulement ajouté certains détails moins connus sur le village, le château et les seigneurs de Pibrac.

Les documents historiques sur la vie proprement dite de sainte Germaine ont été puisés dans les traditions locales et dans les *Actes* de sa béatification et de sa canonisation. Mais, pour en rendre

(1) *Vie de sainte Germaine Cousin,* brochure illustrée, 32 pages, in-32. Prix : 10 cent. Abbeville, C. Paillart, éditeur.
(2) Un volume in-12, 108 pages, illustrations de la brochure précédente. Prix, broché : 30 cent. *Id.*

l'expression plus littéraire et plus intéressante, on l'a souvent empruntée à la *Vie de la Bienheureuse*, par Louis Veuillot (1), parfois aussi à celle qu'a publiée l'érudit abbé Salvan (2).

Quant aux détails sur Pibrac, ils sont extraits en majeure partie d'un Mémoire très étudié, publié par feu le comte A. du Faur de Pibrac, sous le titre : *Pibrac. Histoire de l'église, du village et du château* (3).

A ces indications historiques, utiles aux pèlerins de sainte Germaine, succèdent, dans ce volume, des méditations ou lectures pieuses en forme de *Neuvaine*. Les sujets en sont pris de la Collecte ou principale Oraison de l'Office liturgique de la Sainte. Cette Neuvaine constitue ainsi un développement de cette prière qu'aucune des autres Neuvaines publiées jusqu'ici n'avait encore essayé de donner.

Parmi ces Neuvaines, les plus importantes paraissent être : 1° Celles du R. P. Pradel, des Frères-Prêcheurs, dans son précieux *Manuel de la dévotion à sainte Germaine* (4). Il en présente trois pouvant ensemble composer un *Mois* de sainte Germaine. La première traite de l'amour de la Sainte pour l'Eucharistie, la seconde de son amour pour la Sainte Vierge, la troisième de son amour

(1) Paris, Palmé, éditeur ; en trois formats ; plusieurs éditions.

(2) *Histoire de la Bienheureuse Germaine, de Pibrac*, in-12, 2e édition, 1854. Toulouse, Delboy, éditeur.

(3) Extrait, en brochure in-8°, des *Mémoires de l'Académie des sciences, inscriptions et belles-lettres, de Toulouse*, 1882. Edouard Privat, éditeur, Toulouse.

(4) Un volume gr. in-12, 465 pages. Même adresse.

pour le prochain. — 2° Celle de M. l'abbé G. Rouquette, à la fin de son bel ouvrage : *Sainte Germaine Cousin : sa Vie, le livre de son Imitation,* etc. (1). Elle roule sur les vertus théologales et cardinales de la Sainte. — 3° Celle du zélé et pieux auteur du *Modèle des habitants de la campagne,* etc. (2), où, en trente chapitres, les vertus et les principales circonstances de la vie de sainte Germaine sont exposées et méditées. — 4° Celle que Mademoiselle Mathilde de Montlezun a écrite sous le titre de : *Petite Neuvaine en l'honneur de sainte Germaine* (3), et dont les sujets sont aussi certaines vertus de la Sainte.

Mais ses vertus principales se trouvent énumérées dans la belle Oraison liturgique que l'Eglise lui a consacrée. Une telle énumération dans une prière de ce genre est un fait des plus rares. Ce soin providentiel de l'Eglise à l'égard de sainte Germaine méritait d'être noté et surtout d'être mis à profit. La Neuvaine présente a cherché à le faire.

L'ordre logique y paraît peu suivi ; mais aussi, chacun reste très libre d'en adopter un autre.

Il y manquait une méditation importante, celle qui considère la dévotion de sainte Germaine à la Très Sainte Vierge Marie. On a cru devoir l'y ajouter.

Celle qui suit sur le Nom de sainte Germaine, en appendice ou en supplément, est moins une

(1) Un volume in-32, 508 pages. Toulouse, Adolphe Régnault et Fils, éditeur.

(2) Un volume in-16, 248 pages. Toulouse, Edouard Privat, éditeur.

(3) Brochure de 72 pages, in-16. Toulouse, Ad. Régnault et Fils, éditeur.

méditation qu'une explication justifiant les titres de la Sainte au patronage très étendu que sa Confrérie lui attribue. Cependant, parmi ses points très abondants, plusieurs pourront être employés pour la méditation du jour de la clôture de la Neuvaine, de celui de la fête de la Sainte, ou d'un jour quelconque de son pèlerinage.

On remarquera, sans doute, que la prière qui termine chaque lecture ou méditation peut servir d'examen, d'application pratique, de résolution à prendre et de grâce à demander.

Les sujets de cette Neuvaine, comme du reste ceux des diverses Neuvaines indiquées ci-dessus, auront encore une autre utilité : ils peuvent former, en tout ou en partie, soit de simples lectures, soit des thèmes d'entretien pour les réunions de la Confrérie de Sainte-Germaine.

Dans le Recueil de *Prières* à la Sainte et de *Pratiques de dévotion* en son honneur, on a tâché de réunir tout ce qui est nécessaire pour qu'à Pibrac, les jours de pèlerinage, il puisse remplacer les autres livres de piété, et pour qu'il réponde, en outre, aux principaux besoins de la dévotion à la sainte Bergère.

Il ne reste plus à l'auteur de ce petit travail, qu'à supplier humblement ses lecteurs de vouloir bien quelquefois porter son souvenir devant sainte Germaine.

Portrait de sainte Germaine.

Vie de Ste Germaine Cousin

PREMIÈRE PARTIE

I. — Sa Patrie.

Lorsque le chemin de fer qui vient de Toulouse débouche dans le vallon méridional que domine Pibrac, patrie de sainte Germaine, et qu'il arrive à l'endroit précis où le ruisseau dit le Courbet afflue dans le ruisseau appelé l'Aussonnelle, le voyageur a devant les yeux une vue du village qui ne manque ni de charme, ni de pittoresque.

Sur la cime rétrécie d'un plateau subitement ébréché (1), se dresse dans les airs la vieille église paroissiale, avec son clocher en éventail, son chœur hexagonal et ses deux chapelles laté-

(1) Voir IIIe Partie, page 103.

rales. C'est dans l'enceinte de ces murs bénis que sainte Germaine a été baptisée, qu'elle a fréquemment communié, qu'elle a reçu la sépulture et que son corps virginal repose au milieu des honneurs, des prières et des actions de grâces.

A droite et au chevet de l'église, sur les flancs escarpés du coteau qu'elle couronne, s'éparpillent les maisons simples, parfois pauvres, d'un village rustique. Au-dessous de l'église, pareil à un piédestal de la maison de Dieu, s'étale l'antique et féodal château des comtes de Pibrac. Le plus célèbre de ces seigneurs, Gui du Faur de Pibrac (1), grand magistrat, grand diplomate, grand orateur, excellent poète moral, l'a illustré et assez longuement habité. Dans l'intérieur du château, on peut voir encore le cabinet de travail orné de sculptures attribuées à Bachelier (2), où messire Gui du Faur de Pibrac aurait composé ses fameux *Quatrains moraux*.

C'est dans ce beau manoir que Catherine de Médicis (3), et peut-être Henri IV, vinrent le visiter en nombreuse et brillante compagnie.

A cette époque, les tours de la demeure comtale portaient avec fierté les élégantes flèches qu'on peut enfin leur revoir aujourd'hui. Le parc et les jardins étaient beaucoup plus étendus.

(1) Troisième des fils de Pierre du Faur de Pibrac et de Causide Doux, né à Toulouse en 1528, mort à Paris en 1584.

(2) Célèbre architecte et sculpteur toulousain, élève de Michel-Ange, XVIe siècle.

(3) Se rendant, en 1578, aux conférences qui préparèrent la paix religieuse de Nérac.

Une longue allée de grands arbres conduisait au portail remarquable qui accède à l'ancien grand chemin de Toulouse par Colomiers-Lasplanes. Construit, d'après une tradition, avec une célérité absolument incroyable, ce beau monument est l'unique témoin du passage en ces lieux du roi populaire entre tous.

Au fond de l'étroit vallon septentrional surplombé par l'église, serpente le Courbet, si souvent traversé par sainte Germaine. Par-dessus les coteaux, au nord, la forêt sombre de Bouconne verdit et ferme l'horizon. Entre ces coteaux et la grande forêt, s'étend une plaine haute, sur laquelle, un peu vers l'ouest, se trouve la petite maison champêtre où sainte Germaine est née, a vécu et est morte.

Vue de Pibrac, côté de l'arrivée du chemin de fer.

II. — **Ses Parents**.

Ce fut en 1579 (1) que Dieu daigna donner cette enfant de bénédiction à son père, Laurent Cousin, appelé vulgairement Maître Laurent, en patois Mestré Laourens, et à sa mère, Marie Laroche. Ces deux jeunes époux, sans être riches, possédaient cependant la maison qu'ils habitaient, quelque champ de terre et un petit troupeau de brebis.

Restés bons catholiques, malgré les efforts du protestantisme, qui jamais à Pibrac ne fit alors la moindre conquête, ils donnèrent à leur fille, baptisée sans retard, le doux nom de Germaine. Ce nom était sans doute celui de quelqu'un de ses parents. Saint Germain, évêque d'Auxerre, n'est certes pas un inconnu pour les méridionaux. De tout temps, parmi eux, nombre d'hommes ont porté ce nom vénéré.

La plus illustre cliente de saint Germain vivant avait été une sainte bergère, sainte Geneviève de Nanterre ou plutôt de Paris. Celle qui le devint alors par le nom du baptême devait, elle aussi, être un jour une sainte bergère, aujourd'hui non moins illustre, sainte Germaine Cousin ou plutôt de Pibrac.

(1) L'année qui suivit la visite royale dont fut honoré le châtelain de Pibrac, et sous l'épiscopat de Mgr Paul de Foix, archevêque de Toulouse.

III. — Ses premières Années.

Aucun saint ne monte au ciel sans porter la croix, et sans gravir le Calvaire. Telle est la loi de toute sainteté. L'épreuve et la souffrance n'avaient pas épargné sainte Geneviève ; elles n'épargnèrent donc point sainte Germaine. Ainsi, du reste, dans les desseins divins, elle allait devenir un éclatant modèle d'admirable patience.

Elle naquit maladive, atteinte d'écrouelles et percluse d'un bras. Cette débile complexion et ces infirmités provenaient sans doute de la chétive santé de sa mère. Marie Laroche, toutefois, prodigua à sa fille les soins de sa tendresse, et si elle eût pu longtemps vivre, Germaine aurait abondamment trouvé dans les industries de cette bonne mère les allègements et les secours dont elle avait tant besoin.

Mais Dieu ne permit point qu'elle en jouît plus de cinq ans. Elle n'avait, en effet, que cet âge, la petite Germaine, quand elle eut le malheur de devenir orpheline. Désormais donc, pour elle, plus de tendresses maternelles, hélas ! et bientôt même plus de soins paternels ! L'orpheline et l'infirme est destinée à être aussi une sorte de martyre.

Bon chrétien et jeune encore, maître Laurent ne tarda pas à contracter un second mariage. Il aimait sincèrement sa Germaine, et il compta, sans doute, en prenant une compagne donner à sa fille une seconde mère. La femme qu'il choisit trompa cruellement cette belle espérance.

Une enfant douce et souffreteuse aurait dû inspirer à un cœur bon et pieux une compassion, affectueuse et dévouée. Chez la seconde femme de maitre Laurent, ce fut le sentiment contraire qui envahit son cœur et qui la domina. A peine fut-elle entrée dans sa nouvelle maison, qu'elle ne put supporter les prévenances enfantines et les paroles de Germaine. Elle la rebuta durement. La vue de ses infirmités la dégoûtait. Ses besoins l'irritaient. Elle en vint peu à peu à concevoir et à nourrir contre la pauvre enfant une aversion, une haine, une cruauté d'odieuse marâtre. Ces sentiments s'aggravaient chaque jour. Ils éclatèrent avec rage dès que la famille vint à s'augmenter de nouveaux enfants.

C'est alors que Germaine, déjà privée de mère, à peu près délaissée par son père insouciant, fut écartée du foyer paternel et s'en vit comme expulsée, sans espoir de jamais y rentrer. « Cette enfant, dut dire à son mari la marâtre méchante, cette enfant me fait peur pour ses frères ! Ses maladies sont contagieuses ! Elle les communiquera à nos enfants ! Qu'elle se retire ! Qu'elle aille dans les champs et les bois, à la suite des brebis, dont elle aura la garde ! Par ce travail, d'ailleurs, elle pourra gagner honnêtement son pain. » Malgré ses répugnances, car il était honnête et bon, Laurent Cousin, trop faible, n'osa pas s'opposer à ces désirs impérieux. Il y consentit en silence. Le lendemain, de bonne heure, Germaine avait à commencer le genre de travail et de vie qu'elle ne quittera plus jusqu'au jour de sa mort. A cette date, l'enfant était à peine âgée de sept à huit ans. Dorénavant, la fille aînée, dans la maison de son père, ne sera plus traitée que comme une domestique, une pauvre bergère, une servante à charge.

Quelles furent les souffrances quotidiennes de la nouvelle bergère, est chose plus facile à imaginer qu'à décrire. Rester exposé, sans relâche, aux chaleurs de l'été, aux froids de l'hiver, aux vents, à la pluie, à la neige, à toutes les intempéries des saisons ; passer ses journées au grand air, tantôt au fond humide des vallées, tantôt au sommet brûlé des coteaux, loin des abris, loin de toute conversation humaine, en compagnie

Sainte Germaine gardant son troupeau près de la maison.

des seuls animaux, c'est la réalité peu poétique du dur métier de pâtre. Les santés robustes ont souvent quelque peine à y résister. Combien donc aura dû en souffrir une enfant jeune, de complexion chétive, paralysée d'un bras, dévorée par des plaies scrofuleuses ?

Vêtue très pauvrement, insuffisamment même; ne portant ni chaussures, ni bas; n'ayant pour toute nourriture qu'un modique morceau de pain noir que lui jetait à regret sa marâtre ; souffrant parfois la faim et la détresse, au point d'être contrainte, pour l'apaiser, de dévorer des fruits sauvages ou des racines amères ; obligée, sous peine de coups et de cruels sévices, à rapporter chaque soir un gros fuseau de fil qui, on le sait, pour être bien tressé et bien enroulé, exige non seulement des bras et des mains libres, mais encore une abondante humectation des étoupes, deux choses presque impossibles à Germaine, — ce sont là de durs travaux et de dures souffrances. Et cependant de plus dures encore attendaient la bergère à son retour des champs.

Quand le soir, harassée de ses courses, épuisée par le travail, mourante de faim et de soif, elle ramenait son troupeau au bercail, elle n'avait droit de prendre aucune part aux joies de la famille. Si, même un seul instant, son pied s'était avancé sur le seuil du foyer paternel, les reproches et les coups pleuvaient sur l'audacieuse. « Maudite pestiférée, garde-toi d'approcher de personne ! Emporte en silence ta pauvre nourriture déposée dans un coin ! Si parfois on l'oublie ou si on la refuse, ne la réclame pas et souffre sans rien dire! » Aussi, seule et abandonnée, l'enfant devait prendre son chétif repas du soir dans le bas de la maison ou dans l'étable des brebis, et de là gagner enfin le réduit obscur, à peine abrité, qu'on lui avait ménagé à côté de l'étable, sous un escalier de bois. En guise de

Maison de sainte Germaine.

couche, elle y trouvait une sorte de lit de sarments, sur lesquels, faiblement protégée contre l'humidité du sol, elle se jetait tout habillée, sans draps ni couvertures, moins pour y goûter le repos de la nuit que pour y éprouver de nouvelles souffrances.

Telle est la suite monotone des jours douloureux qui composèrent les douze ou quatorze dernières années de la vie de Germaine.

IV. — Sa Patience.

Sa patience fut toujours héroïque. Jamais une parole de murmure ne sortit de sa bouche ; jamais une plainte contre son père ou sa marâtre. Le visage serein, l'air affable, les manières honnêtes, elle savait rester douce et aimable envers tous. Obéissant au plus petit signe de sa seconde mère et n'ignorant pas que cet empressement ne lui attirerait que des paroles plus rudes et des coups plus nombreux, elle ne la fuyait pas, elle ne se détournait pas de ces cruels outrages, et quand elle était battue, elle ne poussait aucun cri. Par ce silence plein de mansuétude, la sainte enfant s'efforçait d'imiter son doux Jésus, l'Agneau sauveur du monde, de détacher son cœur des biens de la terre, de mériter les récompenses éternelles, de prouver son amour à Dieu qui l'aimait tant, d'expier courageusement enfin, malgré qu'elle eût toujours gardé son innocence baptismale, sinon ses péchés propres, du moins ceux du prochain.

Etonnés de tant de constance, de tant de calme et de tant de joie sereine, les gens qui la connaissaient la disaient insensible, idiote ou peut-être hypocrite. Tels sont souvent les jugements du monde en présence de la vertu.

Les esprits forts du village et les bergers voisins allaient encore plus loin : ils se moquaient d'elle, la montraient du doigt, l'injuriaient et l'appelaient bigote. Ne répondant jamais, elle passait modeste et en baissant les yeux, s'écriant même dans son cœur comme saint Augustin : « Mon Dieu, si telle est votre volonté, augmentez mes épreuves, en augmentant ma patience ! »

Mais d'où provenaient donc dans une enfant si délaissée, si simple et si ignorante (elle n'a jamais su lire), non seulement sa haute vertu, mais encore cet ensemble de connaissances religieuses qu'une telle vertu suppose ? L'histoire répond en indiquant, d'un côté, les soins de sa mère et de son curé, et, de l'autre, son esprit de prière, son admirable dévotion au Très Saint-Sacrement, son culte pour Marie et ses aumônes héroïques.

V. — **Son Instruction religieuse.**

Marie Laroche, en mère vraiment chrétienne, avait pris un très grand soin d'enseigner à sa fille, bien que toute petite, la connaissance, le respect et l'amour de Dieu, de Jésus et de Marie. Maladive, décédée de bonne heure, par sa patience et sa résignation, elle lui avait montré d'exemple comment il faut souffrir pour son âme et pour son Dieu. Quelles grâces, enfin, n'attirèrent pas sur sa fille chérie les prières et les sacrifices de cette mère mourante ! Germaine grava profondément dans son cœur et n'oublia jamais ces premières leçons et ces touchants exemples.

A cette fidèle paroissienne, le curé apparut toujours comme le maître de la sainte Vérité. Avide, dès son jeune âge, des instructions qu'il donnait aux jeunes enfants et à toute la paroisse, elle accourait de loin pour les attendre, franchissant chaque fois avec une joie nouvelle le chemin dit des Litanies qui la menait de ses champs à l'église. Si personne n'y fut plus empressée, personne ne fut plus attentive, ne sut mieux s'en pénétrer et les mettre en pratique.

L'enseignement du catéchisme ne se donnait pas, de son temps, comme on le donne de nos jours ; c'était le plus souvent dans les familles ou parfois dans quelques écoles, que les enfants devaient apprendre leurs prières, le symbole, les mystères et la morale. Le curé contrôlait cette instruction et cette formation religieuses, d'ordinaire il ne les donnait pas. Laurent Cousin et même la marâtre, malgré tous leurs oublis à l'égard de leur fille, n'étaient cependant pas assez mauvais chrétiens pour négliger envers elle des devoirs si importants. Les eussent-ils d'ailleurs négligés, Dieu, père des orphelins, y aurait par lui-même abondamment pourvu.

Il l'avait prévenue de ses grâces de choix. Disgraciée de corps, elle avait reçu, en compensation, un esprit excellent et une âme très bonne. A ces aimables prévenances, elle offrit toujours dans son cœur une énergique correspondance. Dieu ne se laisse point vaincre en générosité : d'un seul rayon de sa lumière il ouvre et remplit de clartés l'esprit des plus petits. Il

éclaira donc à son aurore l'esprit de Germaine, et la petite bergère, devenue l'élève de Dieu, apprit à cette école toutes les vérités nécessaires à la pratique de ses grandes vertus.

VI. — **Son Esprit de Prière.**

L'Esprit-Saint, en même temps, s'emparait de son cœur, l'ornait de ses faveurs et le formait à la prière. Devenu de la sorte ce temple vivant dont parle l'Apôtre et le séjour aimé des divines personnes, ce cœur virginal exhala la prière comme un suave encens et répandit à flots au milieu de ce Temple l'adoration, la louange, l'action de grâces et la supplication.

Sainte Germaine au chemin des Litanies.

Eclairée, enflammée, animée par le divin Esprit, Germaine priait donc, priait beaucoup, partout, avec une ardeur admirable. Dans ses nuits d'insomnie, sa couche de sarments se transformait en un autel d'où la prière montait vers le ciel. Le matin, de très bonne heure, avant de sortir de son triste réduit, Germaine à deux genoux avait longuement médité, prié, offert à Dieu son cœur et sa journée. En filant sa quenouille, en conduisant son troupeau, elle pensait à Dieu et le priait sans cesse. Vivant en solitude, fuyant les compagnies, loin des bruits qui distraient, son âme pure et humble s'élevait d'un élan spontané vers son Dieu qui l'attirait et qu'elle cherchait. On dit que très souvent elle a été surprise à genoux, les mains jointes, en profonde contemplation, devant une pauvre croix de bois, qu'elle avait façonnée elle-même et fixée sur le tronc d'un grand arbre. Au sortir de ces divins colloques, les champs. les fleurs, les moissons, les bois, le ciel, tout autour d'elle lui parlait du Bien-Aimé, tout l'enflammait pour Lui d'admiration, de gratitude et de générosité.

Inutile d'ajouter avec quelle dévotion étaient récitées toutes ses autres prières, avant et après les repas, au commencement et à la fin des actions principales, surtout celle du soir avant de prendre le repos de la nuit.

VII. — Sa Dévotion au T. S.-Sacrement.

Le moyen souverain pour produire, conserver et accroître la ferveur dans les âmes, est, sans le moindre doute, le culte du Très Saint-Sacrement, c'est-à-dire, l'assistance à la Messe, les visites au saint Tabernacle, et, par-dessus tout, la sainte Communion.

Un des caractères les plus saillants de la sainte vie de Germaine est manifestement sa merveilleuse dévotion à la divine Eucharistie, sous les trois formes consacrées.

Dès l'aurore de sa raison, l'Esprit-Saint avait

Sainte Germaine priant près d'une croix.

préparé la virginale enfant à sa première communion. Cette œuvre capitale des jeunes vies chrétiennes se faisait, de son temps, à un âge assez tendre, individuellement, et sans nul apparât. Les parents ou les amis y préparaient l'enfant, le confesseur le soumettait à son examen, et, s'il le trouvait digne, il l'entendait en confession. L'enfant pouvait dès lors communier comme les autres personnes.

Quel jour le confesseur de Germaine l'y aura-t-il admise et ses parents conduite ? C'est ce qu'on ne peut savoir. Mais, en considérant la ferveur qui l'enflamma depuis pour le divin mystère, on peut bien affirmer que ce jour a dû être pour elle un jour de grande fête, un véritable jour du ciel. A partir de ce moment, en effet, au seul aspect de l'église apparaissant à l'horizon, par-dessus les coteaux du Courbet, un véhément désir s'emparait de son cœur : aller au Bien-Aimé, retrouver son Jésus vivant au tabernacle, assister tout émue au divin sacrifice, et enfin communier de nouveau !

Aussi, un jour peu éloigné de sa première communion, elle entend sonner la cloche qui annonçait la messe. Un instinct surnaturel la pousse et l'entraîne ; elle range son troupeau autour de sa quenouille ou de sa houlette fixée en terre, elle en confie la garde à Dieu et aux saints Anges, et elle part, elle court vers Jésus qui l'appelle. Elle assiste à la messe, prie avec effusion et s'en retourne à la hâte auprès de son troupeau. Comme il était à son départ, tel il est à son retour : les brebis ruminaient ; les agneaux sommeillaient; aucun écart, aucun dégât; le chien berger avait veillé, et les loups de Bouconne n'avaient point approché. Souvent ils ravageaient les troupeaux des voisins, jamais

ils ne touchèrent à celui de Germaine. Ce que Dieu garde est bien gardé !

A partir de ce moment, Germaine assistera chaque jour à la messe. Au premier son de la cloche, le troupeau sera rangé et protégé de même, et l'on verra la bergère, le chapelet en

Troupeau de la Sainte gardé par la quenouille.

main, traverser le vallon du Courbet, arriver à l'église, se signer pieusement, et là, à genoux, immobile, sans appui, se remplir du saint amour de Jésus et de l'esprit de sacrifice dont il donne à l'autel et l'exemple et la grâce.

Bientôt un autre désir plus intime envahira son âme, plus fort que sa timidité et que son humilité, le désir de communier, de compléter la grâce du sacrifice par la grâce du sacrement. Exposé avec simplicité, ce désir sera approuvé par son digne et saint directeur. Germaine, désormais, en entendant la messe, pourra donc communier fréquemment. Sa ferveur grandissante la poussera même bientôt à retourner encore le soir auprès du Très Saint-Sacrement.

La fréquentation de la messe, du tabernacle et de la sainte table n'étaient guère dans les mœurs chrétiennes du XVIe siècle. Les protestants, récemment apparus, niaient et blasphémaient ces pratiques eucharistiques, les mondains les raillaient et les fidèles les délaissaient. La communion fréquente, plus particulièrement, était d'un usage à peu près inconnu. C'est une grande gloire de la sainte bergère que Dieu lui ait donné comme mission providentielle de confondre, par ses exemples héroïques si miraculeusement recommandés, tant de mauvais chrétiens de son temps et des temps à venir, blasphémateurs, railleurs ou déserteurs du mystère eucharistique. A l'époque présente, où la fréquente communion reprend quelque faveur parmi les fidèles des paroisses, parmi les écoliers chrétiens et même parmi les ouvriers, est-ce que la sainte enfant, la fidèle paroissienne, l'humble bergère qui, à Pibrac, il y a trois cents ans, inaugurait cette admirable pratique, ne mérite pas d'en être déclarée un des parfaits modèles et une des saintes patronnes ?

VIII. — Son culte pour Marie.

Remplie de dévotion envers le Très Saint-Sacrement, Germaine rendait le culte le plus tendre à Marie, mère de Jésus.

Aucun jour ne s'écoula qu'elle ne récitât, et souvent à genoux, son Rosaire en entier. Elle

Sainte Germaine priant à l'autel de la Vierge.

n'omettait point d'en suivre par l'esprit et le cœur les quinze grands mystères.

Trois fois dans la journée, pour dire l'*Angelus* à l'instant qu'il sonnait, elle s'agenouillait en quelque lieu qu'elle se trouvât, même dans le ruisseau et les endroits boueux, sans que ses vêtements, disent les traditions, en fussent mouillés ou salis.

Les fêtes de Marie réjouissaient son âme et redoublaient sa ferveur. Pour en mieux profiter, elle s'y préparait par plusieurs actes de ces vertus que préfère Marie. Ces jours-là, plus longtemps que les autres, elle se répandait en prières devant l'autel de sa chapelle. Nul doute que l'angélique pureté qui a brillé et resplendi dans la pieuse enfant, ne soit née d'un regard complaisant qu'aura jeté sur elle la Vierge Immaculée.

IX. — **Ses aumônes héroïques.**

L'amour envers le prochain est le frère inséparable de l'amour envers Jésus et Marie. Germaine, qui excella dans la patience, au témoignage de l'Eglise, excella tout autant dans la vertu de charité. Elle si pauvre, si indigente, manquant du nécessaire, trouva dans l'héroïsme de son cœur les moyens de faire l'aumône. On n'a pas oublié de quoi se composait sa nourriture quotidienne : d'un pain noir à peine suffisant pour apaiser la faim. Eh bien ! la vue des mendiants lui inspirait une telle pitié qu'elle n'hésitait pas à leur donner tout ou partie de ce pain nécessaire, et à se condamner, par suite, aux tortures d'un jeûne absolu, n'oubliant pas d'ailleurs à quels reproches et à quels coups de tels dons l'exposaient de la part de sa marâtre soupçonneuse et avare.

Or, cette générosité incroyable, ce n'est pas une fois en passant ni à rares intervalles qu'elle l'a pratiquée, c'est souvent dans sa vie, c'est plusieurs jours de suite, une semaine entière, dit une tradition.

L'aumône corporelle, très précieuse aux yeux de Dieu, l'est moins assurément que l'aumône spirituelle. Tout impuissante qu'elle y semblât paraître, Germaine cependant trouva dans son zèle industrieux de quoi pratiquer aussi cette aumône, par l'exemple, par la parole, et surtout par la prière.

L'exemple des vertus est une grande charité. La paroisse entière la recevait de la bonne Germaine, quand, à l'église, dans les rues du village et jusque dans les champs, elle voyait cette vaillante chrétienne pratiquer la religion et toutes les vertus avec une fidélité et un courage admirables.

Les jeunes gens, les jeunes filles la recevaient aussi, quand elle leur montrait sa piété, sa modestie, sa fuite du luxe, des mauvaises compagnies et des occasions dangereuses, et quand, s'armant d'un zèle qui bravait les injures, elle abordait certaines de ses compagnes trop légères, leur reprochant la vanité, l'imprudence, le manque de tenue.

Les petits enfants, dont elle fut le modèle par son obéissance, son travail, sa pureté et sa crainte de Dieu, la recevaient plus abondante que les autres, lorsqu'elle allait à eux, qu'elle les attirait par sa douceur et son amabilité, et que ces innocents, cédant à l'attrait de la grâce qui animait Germaine, accouraient à son appel, s'asseyaient au pied des arbres ou des croix, et là, attentifs et ravis, l'écoutaient leur parler du bon Dieu, de la sainte Vierge, de leur âme et du ciel. Elle leur enseignait les prières usuelles, les mystères de la foi, les actes des vertus, les lois de Dieu et de l'Eglise, notre culte et nos sacrements, bref, tout le catéchisme.

L'exercice de charité qui les surpasse tous est celui de la prière. Que de fois donc devant Dieu, dans l'effusion de son âme, les parents, les amis, les compatriotes de Germaine, tous les enfants de Dieu ont été l'objet de ses demandes, de ses supplications, de ses vives instances ! On ne saura que dans le ciel les innombrables et précieuses grâces que son zèle brûlant a obtenues pour tous !

X. — Miracles de sa vie.

Germaine grandissait en âge, et, comme Jésus de Nazareth, elle grandissait aussi en sagesse et en grâce devant Dieu et devant les hommes. Des témoignages miraculeux signalent ces saints accroissements, et, en particulier, canonisent, pour ainsi dire, sa dévotion envers l'Eucharistie et ses aumônes héroïques.

C'était déjà un vrai miracle de tous les jours que cette parfaite sûreté du troupeau restant

seul, dans les champs, autour de la quenouille, pendant au moins deux heures, jusqu'à ce que la bergère retournât de la messe, le matin, et de la visite du Saint-Sacrement, le soir.

Le miracle appelé du Courbet, très souvent répété, avait encore plus d'éclat. Entre le plateau

Sainte Germaine passant le Courbet.

sur lequel Germaine gardait son troupeau et l'église du village, s'ouvre un vallon assez profond, au bas duquel coulent les rares eaux de ce ruisseau. Un chemin étroit, âpre et pierreux descend encore aujourd'hui du plateau et conduit à une sorte de large gué, en face duquel, à mi-côte opposée, est bâtie depuis peu la maisonnette d'un garde-voie du chemin de fer. C'est à ce gué que très probablement sainte Germaine traversait chaque jour le Courbet.

A sec, ou peu s'en faut, dans les temps ordinaires, ce gué, après de longues ou de violentes pluies, se couvre promptement ; un peu plus bas le ruisseau se resserre et s'obstrue ; bientôt les eaux grossissent et débordent au large : impossible de passer. Or, un jour que le ruisseau grondait, gonflé comme un grand fleuve, Germaine arrive au gué, se rendant à la messe. Des gens qui stationnaient, arrêtés sur la rive, avaient vu venir celle qu'ils aimaient à railler en l'appelant bigote. Ils jouissaient malignement d'avance de l'embarras où elle allait se trouver. Elle marchait, les yeux baissés, récitant son chapelet. Sans hésiter, sans s'arrêter, voilà que tout à coup elle entre dans les flots. O surprise ! ô miracle ! les eaux subitement s'ouvrent devant elle, se referment à sa suite, et la laissent passer, sans mouiller ni ses habits ni même ses pieds ! A son retour de la messe, même spectacle, même prodige. Dorénavant, on pourra le voir se reproduire toutes les fois que les eaux couvriront le passage.

Mais un miracle qui vers la fin de sa vie rendit la sainte tout à fait populaire, ce fut celui des fleurs à l'honneur de ses admirables aumônes. On sait que, pour les faire, elle n'hésitait pas à se priver de son modique pain. Pour les rendre plus abondantes, elle avait soin de recueillir dans la maison les fragments de pain encore présentables que les enfants avaient perdus ou

abandonnés. Sa marâtre, s'en étant aperçue, et prenant pour un vol cette industrie de Germaine, voulut la surprendre et la punir. Un jour donc, qu'en emmenant son troupeau, la charitable enfant emportait pour ses pauvres quelques glanes de ce pain serrées dans son tablier, la marâtre qui l'avait constaté, entra dans une violente colère. Sortant de la maison, un bâton à la main, elle court vers la bergère, et, dès

Miracle des fleurs.

qu'elle l'a rejointe, l'accable d'atroces injures, la traite de voleuse et s'apprête à la frapper. L'humble jeune fille, toute confuse, courbait la tête et ne répondait pas. Des voisins et des pauvres avaient vu passer la mégère irritée et armée, et ils l'avaient suivie, craignant avec raison pour l'innocente Germaine. Afin de la confondre devant eux de ses prétendus larcins, la marâtre tente de saisir le tablier gonflé où se cachait le pain, ordonnant à Germaine de l'ouvrir largement. O merveille ! le pain avait disparu ; de belles fleurs odorantes et fraîches tombaient du tablier ! Et l'on était en plein hiver !

Une reine, sainte Elizabeth de Hongrie, un grand docteur, saint Thomas d'Aquin, avaient vu, plus de trois siècles avant, leur charité divinement trahie par un pareil miracle.

XI. — **Sa Mort.**

Le bruit d'un tel évènement se répandit rapidement partout. La marâtre en resta confondue. Laurent Cousin, honteux de son passé de faiblesse, prit enfin la défense de sa sainte fille, et voulut qu'elle eût sa place au foyer et à la table de famille, à côté de ses autres enfants. Mais l'admirable Germaine, éprise de ses croix, en remerciant son père, lui demanda comme une grâce de garder son réduit, son lit de sarments, son pain noir et ses fatigues. Cependant, lorsqu'elle reparut dans le village, chacun la regarda avec vénération ; personne n'osa plus l'appeler « la bigote » ; tous la nommèrent dorénavant « la sainte ».

Ces respects et cette estime pesaient à l'humble cœur de la timide vierge. Pour les fuir et éviter toute atteinte d'orgueil, Germaine s'ab-

sorba plus encore dans le recueillement, dans la prière, dans les fréquentations de Jésus à l'autel. Elle se préparait ainsi à terminer bientôt sa vie crucifiée et cachée en Jésus-Christ, par une mort obscure, sans nul secours humain, et seule avec son Dieu.

Ce fut l'été de l'année 1601, à l'âge de vingt-deux ans, qu'elle fut trouvée morte, un matin, sous l'escalier et sur le tas de sarments qui lui

Mort de sainte Germaine sous l'escalier.

servait de couche. Personne de la maison ne soupçonnait encore cette mort. Cependant il était déjà grand jour. A cette heure, chaque matin, les brebis étaient sorties. En les entendant bêler, Laurent Cousin conçoit des inquiétudes ; il envoie un de ses jeunes enfants voir ce qui avait pu retenir Germaine. Le frère appelle sa sœur ; elle ne lui répond pas. Il regarde sous l'escalier, et il l'aperçoit modestement couchée sur ses sarments, les traits empreints d'un air céleste. Elle avait cessé de souffrir.

La nuit même de sa mort, Dieu manifesta à diverses personnes la gloire de cette âme virginale. Un prêtre du diocèse d'Auch arrivait près de Pibrac, se rendant à Toulouse. Tout à coup, dans les airs, il voit une glorieuse procession qui descend vers une ferme, et qui, bientôt après, remonte vers le ciel, conduisant une âme de plus. Le lendemain, revenu de Toulouse, il apprend que c'est Germaine, « la sainte », qui était morte, à l'heure de sa vision nocturne.

Deux religieux qui cheminaient tardivement, par cette nuit d'été, s'étaient réfugiés, en attendant le jour, dans les ruines d'un castel (1). A leur tour, s'éveillant tout à coup, ils admirent dans le ciel un certain nombre d'angéliques vierges, toutes vêtues de blanc, qui, de l'église, volent vers le plateau et la ferme de Germaine. Bientôt, ils les revoient qui entourent une autre

(1) Celui, sans doute, qui s'élevait alors à mi-coteau dans le bois dit de la Barthe, presqu'en face du gué désigné ci-dessus.

vierge, vêtue comme elles toute en blanc, mais couronnée de fleurs nouvelles. Entrés de bon matin dans le village, ils apprennent la mort de la sainte bergère. Aucun doute n'est plus possible : c'était bien là cette vierge couronnée qu'emmenait la troupe céleste.

D'autres personnes encore l'aperçurent, la même nuit, monter au ciel accompagnée d'un chœur de douze vierges.

Dès que sa mort fut connue dans Pibrac, une foule nombreuse courut à ses obsèques, chacun voulant la voir une dernière fois et se recommander à ses saintes prières. Décemment enveloppée, pieusement enguirlandée d'épis de seigle et de bleuets rustiques, sa chaste et sainte dépouille fut portée de la ferme à l'église, à travers ces chemins qu'elle avait si souvent parcourus, le long desquels aujourd'hui la paroisse entière

Vision des deux moines pèlerins.

venait lui faire un triomphant cortège. Sa tombe, dans l'église, avait été creusée au pied de la chaire ; c'est là qu'elle fut religieusement déposée, sans aucune inscription ni marque distinctive.

XII.

Son Exhumation. Miracles qui suivent.

Humble et cachée pendant sa vie, Germaine le fut encore longtemps après sa mort. Mais le Seigneur, qui, dans le ciel, exalte toujours les humbles et fait briller les mérites obscurs, daigne aussi quelquefois le faire sur la terre en faveur de ces saints qu'il constitue nos protecteurs et nos modèles. Quarante-trois ans s'étaient écoulés, lorsqu'une de ses parentes (1), sur le point d'expirer, demanda à être ensevelie à côté de la sainte bergère. Les fossoyeurs (2) avaient à peine levé le premier carreau et donné un coup de pioche, qu'ils s'arrêtent effrayés de trouver un cadavre. Quelques personnes présentes dans l'église s'approchent et constatent que ce corps est à fleur de terre ; de plus, l'endroit du visage touché par la pioche offre l'aspect de la chair vive.

Au bruit de cet étrange événement, tout le

(1) Elle s'appelait Endoualle.

(2) Gaillard Barous et le carillonneur Nicolas Cassé. Parmi les personnes présentes étaient Françoise Pérès, qui, dix-sept ans plus tard, témoignera juridiquement de toutes ces circonstances.

village accourt. Alors, en présence d'une grande foule, on relève le cercueil. On examine le corps. Il est trouvé entier et préservé de corruption. Les membres sont attachés les uns aux autres par leurs jointures naturelles, et couverts de l'épiderme. La chair paraît sensiblement molle

en plusieurs parties. Les ongles des pieds et des mains sont parfaitement adhérents. La langue même et les oreilles, desséchées seulement, sont conservées comme le reste. Les linges et le suaire qui revêtent ces membres vénérables ont, il est vrai, pris la couleur de la terre ; mais ils ne sont pas plus atteints que le corps lui-même. Les mains tenaient un petit cierge et une guirlande d'épis et de bleuets ; les

Enterrement de sainte Germaine.

fleurs n'étaient que légèrement fanées ; les épis n'avaient rien perdu de leur couleur ; ils contenaient encore leurs grains, frais comme au temps de la moisson. A l'une des mains se remarquait une difformité ; le cou portait des cicatrices.

A ces signes, tous les anciens de la paroisse publient que c'est là le corps de Germaine Cousin, morte depuis quarante-trois ans, qu'ils avaient eux-mêmes connue, et dont ils avaient vu les funérailles.

Cette relique si merveilleusement retrouvée fut exposée en vue de tous, debout près de la chaire de l'église.

Mais peu de temps après, dame Marie de Beauregard (1) dont le banc était à côté du corps, éprouvant envers lui quelque sentiment de répulsion, ordonna qu'on l'éloignât. Elle fut bientôt affligée d'un ulcère au sein, et son enfant unique qu'elle nourrissait, tomba malade à la dernière extrémité. Les médecins de Toulouse ne purent soulager ni l'enfant ni la mère. Son mari alors lui rappela le mépris qu'elle avait montré pour le corps de Germaine, et lui dit que peut-être Dieu offensé de cela avait voulu la punir par ces cruelles souffrances. A ces paroles, la dame de Beauregard, rentrant en elle-même, s'agenouilla humblement et demanda pardon. Le pardon ne se fit pas attendre.

(1) Demoiselle de Clément Gras, épouse de noble François de Beauregard.

Le château de Beauregard est au sud de Pibrac, non loin de la grand'route actuelle de Toulouse à Auch.

Durant la nuit suivante, la malade, s'éveillant tout à coup, voit dans sa chambre une grande clarté et croit même reconnaître sainte Germaine, qui l'assure de sa guérison et de celle de son enfant. Pleine de joie, elle appelle ses domestiques et leur dit ce qui vient de se pas-

ser. Jetant ensuite les yeux sur sa plaie, elle la trouve déjà presqu'entièrement fermée. Elle se fait apporter aussitôt son fils, et l'enfant parfaitement guéri suce le lait qu'il refusait depuis plusieurs jours. Dès le lendemain, la dame de Beauregard se rend à l'église, où elle répare publiquement l'outrage qu'elle avait fait aux restes de la sainte bergère. Pénétrée en même temps de reconnaissance, elle offre une caisse

Miracle de Beauregard.

de plomb pour recevoir ce corps saint. Le curé et les plus notables paroissiens y enferment eux-mêmes le dépôt vénérable, et il est porté dans la sacristie.

XIII.

Miracles incessants. Enquêtes canoniques.

C'est là que commence cette série non interrompue de bienfaisantes merveilles que Dieu s'est plu à opérer jusqu'à nos jours, pour la gloire de son humble et charitable servante.

Pas de jour, en effet, qui depuis lors, ne soit marqué par quelque guérison miraculeuse.

Le nombre en devient bientôt si grand que, dix-sept ans plus tard, en 1661, Mgr de Marca, archevêque de Toulouse, envoie son grand-vicaire, Jean Dufour, archidiacre de Saint-Etienne, procéder sur ces faits prodigieux à une enquête rigoureuse. Le corps est reconnu entier, sans corruption, toujours flexible. Des guérisons de toute sorte, inscrites sur un registre, signées et notariées, sont constatées miraculeuses.

Parmi ces maladies, les actes du procès désignent les suivantes : « Scrofules, paralysies, ulcères, fièvres, entérites, ophtalmies, cécités, fluxions, tumeurs, hydropisies, épilepsies, etc. » Les personnes guéries sont des enfants, des personnes âgées, des prêtres, des pauvres, des riches, des habitants du pays et des endroits éloignés.

Pendant près d'un demi-siècle encore, le bon cœur de Germaine continue à répandre ces étonnantes faveurs. Dieu veut évidemment sa glorification.

Aussi, en 1700, Mgr de Colbert, archevêque de Toulouse, désireux de présenter régulièrement la cause de la thaumaturge au Souverain Pontife, ordonne au P. Morel, de l'Oratoire, curé de la Dalbade, son vicaire-général, d'instituer en forme le procès canonique appelé « de l'Ordinaire ».

Le P. Morel se rend à Pibrac et constate authentiquement l'identité et la conservation non naturelle des reliques de la sainte. Ensuite, parmi les très nombreux miracles précédemment inscrits ou récemment opérés, il en distingue quatre qu'il entoure de fortes preuves, et, de retour à Toulouse, il confie à un Religieux Minime prêt à partir pour Rome, les volumineuses pièces de ce procès.

Mais arrivé dans la Ville éternelle, le Religieux ne fait aucunement avancer cette affaire. Peu de temps après, sur l'ordre de ses Supérieurs, il part pour les missions du Levant laissant dans son couvent ce précieux dossier, sans donner à son sujet la moindre indication ni la plus légère recommandation. Ce n'est guère qu'en 1739, environ trente ans après, qu'impatient d'un si long silence, « le comte de Pibrac, acquiesçant aux désirs de ses nombreux vassaux, et portant à la cause de Germaine le même intérêt que ses illustres ancêtres (1), s'adressa au Procureur général des Capucins de Rome, pour savoir de lui ce qu'étaient devenus le Religieux ci-dessus et le dépôt qu'on lui avait confié (2). » On vient de lire ce qu'il fallut répondre à cette lettre.

En 1757, un curé de Pibrac, l'abbé Galibert, plein de zèle pour le culte de la sainte, fit encore directement à Rome des démarches pressantes ; elles n'eurent d'autre résultat que de faire constater que le dossier n'avait pas encore été remis à la Sacrée Congrégation des Rites, et qu'en tout cas, l'affaire ne pourrait réussir qu'en lui consacrant beaucoup de temps et beaucoup d'argent. On renonça dès lors à toute autre tentative en cour de Rome.

Cependant, en 1764, l'abbé Francès (3), plus

(1) Gui du Faur de Pibrac (1528-1584) n'a peut-être jamais connu la pauvre bergère qui, par ses humbles vertus, a illustré le nom de Pibrac encore plus que lui par ses hauts mérites personnels; mais à la découverte des restes de sainte Germaine, en 1644, « son petit fils, Guy de Pibrac, alors juge-mage à Toulouse, fut prévenu l'un des premiers de cet heureux évènement, et il vint à Pibrac pour en constater l'importance. Ses descendants, Jérôme du Faur de Pibrac et l'abbé de Pibrac, s'occupèrent activement de la canonisation de la sainte. » Cf., PIBRAC, *Histoire* etc., par M. le comte A. du Faur de Pibrac, déjà cité, p. 20, et *Histoire de la Bienheureuse Germaine*, par l'abbé Salvan, dédiée à la mémoire de Guy du Faur de Pibrac, édit. de 1854, pp. 126 et 133.

Le lecteur aura bien remarqué, au surplus, que les artistiques illustrations du présent travail sont dues, en majeure part, à l'habile crayon d'un des membres vivants de cette noble famille, toujours zélée pour l'honneur de la sainte Bergère, M. le vicomte R. du Faur de Pibrac.

(2) *Histoire de la Bienheureuse Germaine*, par l'abbé Salvan, édit. 1854, p. 126.

(3) Originaire de Cornebarrieu, près Pibrac, alors curé d'Auriac, où son zèle et ses générosités créèrent trois maisons d'instruction et d'éducation chrétiennes.

modeste dans son zèle, publia une vie de sainte Germaine, la première qui eût été imprimée, dans laquelle il s'attacha à consigner le résumé des traditions déjà plus que séculaires, les données fournies par d'anciens mémoires restés manuscrits et celles surtout qu'avaient juridiquement attestées les deux procès épiscopaux de 1661 et de 1700.

Malgré l'abandon momentané de sa cause et malgré le déclin de la foi dans le XVIIe siècle, sainte Germaine était toujours invoquée et toujours visitée à Pibrac; des miracles nombreux répondaient à ce culte et montraient à la fois sa puissance céleste et sa charité pour son peuple, soutenant de la sorte les âmes en guérissant les corps. Comme les curés de Pibrac ne tenaient plus, paraît-il, comme jadis, les registres des miracles qu'elle opérait toujours, l'abbé Jérôme de Pibrac, auditeur de Rote, écrivait de Rome, vers 1783, au curé d'alors pour se plaindre vivement d'une telle négligence.

XIV. — Profanation et recouvrement de ses reliques (1793-1795).

Aux jours terribles de 1793, l'impiété dévastatrice n'oublia pas la pauvre et sainte bergère de Pibrac. Un envoyé du district de Toulouse arrive dans la localité avec ordre d'anéantir le *cadavre* de la sainte. Quatre hommes du village sont requis pour exécuter ces ordres. L'un d'eux, saisi d'horreur se sauve ; les autres ont la faiblesse de consentir à cette infamie et à cette ingratitude. Après avoir retiré le corps de la caisse en plomb, qui fut confisquée pour faire des balles, ils l'enfouissent dans la sacristie même et jettent dessus en abondance de l'eau et de la chaux vive, afin d'en assurer la prompte et complète dissolution.

Un rude châtiment frappe bientôt ces misérables : l'un est paralysé d'un bras, l'autre devient difforme, son cou se raidit et lui tourne hideusement la tête vers l'une des épaules ; le troisième est atteint d'un mal aux reins qui le plie en deux, l'obligeant à marcher le corps entièrement courbé vers la terre.

Ce dernier portera son infirmité jusqu'au tombeau. Les deux autres, plus de vingt ans plus tard, recourront humblement à la clémente vierge, et obtiendront leur guérison, après leur conversion.

Dès que les temps sont devenus meilleurs, en 1795, l'on s'empresse d'ouvrir la fosse. Que pouvait-il rester depuis deux ans des dépouilles de Germaine jetées sous la chaux vive dans ce terrain humide ? Et pourtant, quand on eut enlevé cette terre qui les couvrait et dégagé le corps de ce qui en empêchait la vue, on le retrouve en entier, articulé, bien conservé. Seules, la peau est noircie et les chairs dévorées par la chaux. Des fleurs, plusieurs autres objets enfouis avec la relique sont intacts. Le suaire de soie qui entoure la tête, intact de même, porte seulement quelques traces de sang. A la vue de ce sang, la joie respectueuse se mêle d'émotion. On recueille tous ces restes précieux avec le plus grand soin. On les enveloppe dans un nouveau suaire, et, « la sainte » reprend sa place dans la sacristie, au même endroit que les fidèles de Pibrac et les pèlerins du dehors connaissent depuis si longtemps.

Un autre malheur de ces temps voulut que le curé de Pibrac fût un prêtre assermenté (1), c'est-à-dire schismatique. Les catholiques (2) reçurent donc défense d'entrer dans l'église et dans la sacristie, même pour y prier sainte Germaine. Ils obéirent fidèlement, et, sans se rebuter, ils persévérèrent à la prier de dehors, dans le cimetière, en face de l'endroit où étaient ses reliques. En retour de cette fidélité et de cette confiance inébranlables, Germaine continua, dans ces années douloureuses, à leur obtenir du Ciel ses précieuses grâces.

Le schisme enfin disparut. Il fut désormais possible de s'approcher de la sainte, de contempler de nouveau ses traits toujours reconnaissables, et de lui demander avec confiance ses miracles accoutumés.

(1) Il s'appelait Montastruc ; le maire de ce temps se nommait Jean Cabriforce.

(2) Ils étaient gouvernés, à cette époque périlleuse, par M. l'abbé du Bourg, vicaire apostolique du diocèse de Toulouse et de onze autres diocèses voisins, orphelins de leurs évêques tués, emprisonnés ou exilés par la Révolution. Après la Révolution, il mourut saintement évêque de Limoges. La fondatrice des Sœurs dites du Saint-Sauveur, de la Souterraine, Mlle Joséphine du Bourg, était la sœur de ce digne évêque.

XV. — **Sa part dans la délivrance de Pie VII** (1813) **et de Pie IX** (1849).

Parmi ces miracles, il en est deux d'intérêt catholique, que même ici, dans ces pages restreintes, il importe de noter à l'honneur de la sainte et de la ville de Toulouse.

Le premier s'opéra en 1813, alors que le Souverain Pontife Pie VII gémissait dans la captivité où le tenait Napoléon Ier. Une fervente congrégation d'hommes de Toulouse, l'élite des bons chrétiens, formait alors la confrérie dite de la Sainte-Epine, fondée par le vaillant et pieux abbé Garrigou. Amèrement affligée de voir se prolonger les malheurs du Saint-Père et confiante au crédit de sainte Germaine, la zélée confrérie se rendit à Pibrac et s'engagea par un vœu public à y retourner chaque année, en grand pèlerinage, si dans un temps fixé le Pape était délivré. La douce et puissante Bergère reçut et entendit des prières si catholiques ; elle intercéda auprès de Jésus bon Pasteur pour le Pasteur visible des agneaux et des brebis de la terre. Pie VII fut mis en liberté avant le jour marqué. En retournant en Italie, désireux de s'arrêter à Toulouse où il eût été acclamé, il ne put que longer ses remparts et précipiter sa course vers la Ville éternelle.

Depuis cette année déjà lointaine, le jour de la Saint-Pierre ou le dimanche suivant, on peut contempler à Pibrac le spectacle admirable de plusieurs centaines d'hommes, pèlerins de ce jour, tenant avec fierté, dans la ferveur et la gratitude chrétiennes, le vœu si catholique émis par leurs aînés.

Pour la Saint-Pierre de 1849, l'affluence fut plus considérable que jamais. Pie IX était, lui aussi, exilé de sa ville de Rome et l'armée française assiégeait cette capitale envahie et tyrannisée par d'odieux impies. La France, fille aînée de l'Eglise, avait tiré l'épée : elle entendait que le Pape remontât sur son trône légitime. Or, la nuit qui suivit le pèlerinage de la confrérie à Pibrac, l'assaut était enfin donné et Rome était reprise.

XVI. — Sa Béatification.

Depuis 1813, la dévotion à sainte Germaine avait toujours grandi. L'ancienne sacristie où reposait son corps était devenue trop étroite pour l'affluence croissante des pèlerins. On se vit donc obligé, en 1820, d'en construire une plus grande, au nord de la nef de l'église, et les reliques de la sainte y furent transportées.

Mais l'humidité de ce nouveau local força, en 1831, de les placer dans la chapelle du midi. Toutefois, c'était dans l'intérieur de l'église, et, par suite, contraire aux décrets pontificaux. Aussi, dès qu'on s'aperçut de cette irrégularité, on s'empressa de construire, à l'entrée de l'église, près de la porte, à droite, une chapelle séparée où on l'a vénérée jusqu'à la béatification.

En 1843, voulant enfin procurer ce grand triomphe à la bergère de Pibrac, Mgr d'Astros, archevêque de Toulouse, céda aux prières qui lui en furent faites et ordonna de recommencer le procès et les enquêtes préalables.

Trois prêtres vénérables du diocèse de Toulouse ont attaché leur nom à cette grande affaire : l'abbé ou le Père Barthier qui fut nommé postulateur, l'abbé Estrade qui fut son délégué et plus tard son remplaçant, enfin l'abbé J.-P.-Gabriel Montagne, mort Père du Calvaire, ou Prêtre du Sacré-Cœur. Tout ici nous oblige à rendre à ce dernier un particulier hommage. Le triomphe de sainte Germaine, la prospérité de son pèlerinage, de la paroisse et même de la commune sont dus en grande part au zèle, à la piété et au dévouement qu'il a déployés pendant les quarante-trois ans (1835-1878) de son ministère à Pibrac.

Grégoire XVI, le 23 mai 1845, deux jours avant sa mort, avait signé le décret déclarant vénérable la sainte jeune fille dont la patience l'avait tant frappé. Pie IX, le grand Pontife, qui avait hérité de la dévotion de son prédécesseur pour la *pia pastorella*, la pieuse bergerette, comme il aimait à l'appeler, hâtait de tout son pouvoir le succès de la cause, menée d'ailleurs très promptement. Malgré tous les malheurs de la révolution romaine, le décret de béatification de la « vénérable Germaine » était signé huit ans après, le 24 juin 1853, par le Souverain Pontife, rétabli par l'armée française sur son trône de Rome. L'année suivante, le 23 mars 1854, la basilique de Saint-Pierre voyait les grandes fêtes de la béatification.

Toulouse, alors sous la houlette de Mgr Mioand, les célébra avec une splendeur et un enthousiasme indescriptibles, les 12, 13 et 14 juillet suivants. Pibrac, les 25, 26 et 27 juillet 1854, surpassa encore Toulouse par sa piété et son enthousiasme. Il eut l'honneur d'entendre alors de l'évêque de Poitiers, plus tard cardinal Pie, une homélie incomparable.

XVII. — Sa Canonisation.

La gloire grandissante de Germaine augmenta, s'il se peut, les effusions de sa bonté. Des grâces sans nombre et d'éclatants miracles étaient la réponse de la nouvelle Bienheureuse aux vœux et aux prières qui redoublaient à son tombeau, ou même à son seul nom.

On dut donc se hâter de prier le Saint-Père Pie IX d'achever son ouvrage et de la canoniser. Le nouvel archevêque de Toulouse, Mgr Desprez, s'empressa, dès son arrivée (1), d'appuyer et d'activer les démarches nécessaires à ce grand dessein. Bien que conduit très rapidement, le procès dura jusqu'en 1867.

Le 29 juin de cette mémorable année était le dix-huitième centenaire du martyre de saint Pierre et de saint Paul. Ce fut ce jour-là que le successeur du Prince des Apôtres, entouré de plus de cinq cents patriarches, archevêques et évêques, en présence de plus de cent mille pèlerins, prêtres ou laïques, accourus des quatre parties du monde, inscrivit solennellement au catalogue des saints, Germaine Cousin, Vierge, bergère de Pibrac.

(1) Le 26 septembre 1859. Précédemment, évêque de Saint-Denis (île de la Réunion), de 1851 à 1857 ; ensuite, évêque de Limoges, de 1857 à 1859. Depuis, le 12 mai 1879, créé cardinal du titre des SS. Pierre et Marcellin, par le Pape Léon XIII.

A Toulouse, le mois suivant, 28, 29 et 30 juillet, les fêtes dépassèrent tout ce que l'imagination pourrait rêver. Les lecteurs des récits qu'en ont publié les grandes histoires de la sainte refuseront d'y croire, les trouvant exagérés ; les témoins oculaires qui les relisent aujourd'hui, tout en constatant leur parfaite exactitude, les trouvent cependant bien affaiblis.

Pendant toute l'année suivante, chaque paroisse du diocèse célébra tour à tour par une belle fête la canonisation de sainte Germaine.

Pibrac, l'heureuse paroisse, eut l'honneur de clôturer cette série de fêtes triomphales en prodiguant à « sa sainte » des gloires dignes d'elle. Les 28, 29 et 30 juillet 1867 attirèrent à « sainte Germaine », comme s'exprime le peuple, des foules si nombreuses et si variées, provoquèrent des actes si merveilleux de piété, de joie religieuse et de sainte fierté, que toute description, si elle était possible, devrait paraître invraisemblable.

Le cardinal Desprez, archevêque de Toulouse.

XVIII.

Les six miracles approuvés à Rome.

Depuis la découverte de ses reliques jusqu'à nos jours, pendant bientôt trois siècles, sainte Germaine n'a pas discontinué la série de ses miracles. Pas une famille, autour d'elle et dans les environs, qui n'ait à la bénir de quelque grâce insigne. Celui qui a l'honneur d'écrire ces lignes peut affirmer, en toute certitude, qu'à peine âgé de seize mois, il a été ressuscité par le simple contact de petits linges d'enfant passés, comme l'on dit, sur le corps de sa sainte compatriote. Son père lui a bien des fois raconté qu'il avait vu de ses yeux un enfant aveugle-né guérir subitement en sa présence. Il a vu à son tour s'opérer devant lui le miracle suivant : une espagnole absolument paralytique se levant tout à coup après la communion, marchant avec aisance et s'en retournant parfaitement guérie.

Les miracles présentés pour la béatification et pour la canonisation ne sont donc ni les seuls, ni même les plus remarquables. Si on les a choisis entre tant d'autres, c'est pour respecter la règle de rigueur en ces graves affaires, qui défend d'admettre à l'examen officiel ceux dont il n'existe plus de témoins immédiats.

Parmi les six admis et approuvés à Rome, voici d'abord les trois qui ont paru les plus notables ; les trois autres sont racontés ensuite.

Bourges possède une maison religieuse dite du Bon-Pasteur, où sont recueillies des jeunes filles qui se sont déjà perdues et d'autres qui sont en grand danger de se perdre. Vers la fin de 1845, 116 personnes vivaient dans cette maison : 17 religieuses, 59 pénitentes et 40 jeunes filles, dont la plus âgée n'avait pas plus de dix-sept ans. Ce nombre croissant toujours et les ressources diminuant, la maison se trouva bientôt dans la plus grande détresse. Dans cet état de peine, la Mère Supérieure, Marie du Sacré-Cœur, se sentit poussée à mettre toute sa confiance en la pieuse Germaine Cousin, dont elle avait entendu raconter les merveilles. Elle fit commencer une neuvaine de prières par toutes les personnes de sa maison, et, chaque jour, elle fit lire en public quelques passages de la vie de la véné-

Le miracle des pains.

rable bergère. De nombreuses médailles de la céleste protectrice furent distribuées, et la ferveur redoubla la confiance. Un jour, les sœurs converses préparaient un peu de pâte pour faire le pain, quand elles s'aperçurent qu'elle s'était multipliée entre leurs mains, à tel point qu'avec une assez modique quantité de farine elles purent avoir trois cent soixante-quinze livres de pain miraculeux. Deux autres multiplications de pâte ont eu lieu depuis, la dernière dans le temps même que l'on poursuivait le procès apostolique.

Après la pâte, ce fut la farine qui fut multipliée, dans la même maison, en décembre suivant. « Je m'aperçus, dit une religieuse, quatre « ou cinq fois dans le mois de décembre, que la « farine se multipliait et ne diminuait jamais. Je « ne puis fixer précisément le jour où elle a « commencé d'augmenter, mais je suis sûre que « c'était au mois de décembre. » « La sœur tou- « rière qui était spécialement chargée de la « farine, ajoute une autre religieuse, m'a dit « plusieurs fois, dans les derniers jours de « décembre 1845, qu'elle prenait tous les jours « de la farine, et que jamais elle ne diminuait. « Moi-même, par deux fois différentes et dans « le même mois, ayant pris avec la sœur tou- « rière une quinzaine de corbeilles de farine « pour en faire du pain, j'ai remarqué que le « tas où nous l'avions tirée était aussi considé- « rable qu'avant. »

En constatant cet éclatant prodige, les religieuses furent saisies d'une vive émotion : la Supérieure les conduisit auprès de la farine, afin qu'elles vissent de leurs yeux sa miraculeuse multiplication. Toutes se prosternèrent, et, retenant avec peine leurs larmes, elles baisèrent la terre, prièrent les bras en croix et rendirent mille actions de grâces à Dieu et à sainte Germaine.

Une petite enfant, nommée Jacqueline Catala, de Toulouse, fut atteinte à l'âge de dix-huit mois, d'une maladie tellement grave qu'en peu de jours elle fut réduite à toute extrémité. Dans cet état, la cheville du pied et le genou s'enflèrent extraordinairement. Pendant quatre ans et demi, sa pauvre mère épuisa tous les remèdes humains. Ce fut en vain. Elle résolut alors d'avoir recours à la protection de sainte Germaine. C'était en 1828 et voici les faits attestés au procès et racontés par elle-même :

« J'arrivai à Pibrac un dimanche ; M. le Curé prêchait. Je pris place sur un banc avec mes

Le miracle de la farine.

enfants, Jacqueline entre son frère et moi, et nous la gardions tous deux. Je suivais la messe. Lorsqu'on sonna pour le *Sanctus*, Jacqueline poussa un cri, et j'entendis moi-même un craquement qui me sembla venir de ses os. J'étais dans un état difficile à exprimer. Il me vint à l'esprit que ma fille était guérie; cette pensée venait me distraire sans cesse dans mes prières. Au moment d'aller communier, je recommandai à son aîné de surveiller sa sœur : à cause des regards des assistants, il m'avait répugné d'attacher cette pauvre petite à la chaise, comme je faisais d'ordinaire. J'arrivai à la sainte Table. Quand j'y fus agenouillée, voilà que Jacqueline se retire des mains de son frère et vient s'agenouiller à côté de moi, sans que personne la soutienne, sans que personne la guide! Mon émotion redoubla et je ne puis dire ce qui se passa en moi quand je vis cette innocente, imitant ce qu'elle me voyait faire, prendre la nappe comme pour communier. De la main, je fis signe à M. le Curé qu'elle ne devait point communier, et je revins à ma place. Elle me suivit. Elle s'assit; elle resta assise sans avoir besoin d'être soutenue. Ses pieds avaient repris leur position naturelle. Elle était toute joyeuse. A la bénédiction du prêtre, voyant tout le monde se mettre à genoux, elle se lève sans être aidée, et prenant la chaise sur laquelle elle était assise, elle la tourne avec adresse et s'agenouille dessus.

« Je repartis de suite, le cœur ravi et plein de reconnaissance pour une guérison si prompte.

Dès que nous fûmes arrivés devant la maison, Jacqueline, apercevant son père, se mit à crier : « Je suis guérie. Prenez-moi dans vos bras, et « mettez-moi à terre ; vous verrez comme je « marche bien et comment sainte Germaine m'a « guérie ! »

« En effet, le père la prit sur ses bras, puis la posa à terre, et la vit marcher à l'instant même, en présence de tout le quartier. Elle marchait libre et agile, sans fatigue, sans la moindre difficulté. Elle était bien guérie, et depuis ce jour elle n'a plus ressenti aucun mal. »

Philippe Luc, de Cornebarrieu, près de Pibrac, fut atteint à l'âge de douze ans, d'une douleur qui, en peu de jours, lui enleva complètement l'usage d'une jambe ; il lui vint ensuite à la cuisse une plaie, que les médecins, d'un commun accord, déclarèrent être une fistule incurable. Porté à l'hôpital Saint-Jacques de Toulouse et soigné avec zèle, les docteurs restèrent impuissants. Il retourna à Cornebarrieu, n'ayant plus d'autre espoir qu'en la bonté de sainte Germaine. Quelques jours après, aidé de sa mère, il part et atteint péniblement l'église de Pibrac. Là, il entend la messe et prie avec ferveur auprès du tombeau de la Sainte. Il n'obtient rien, mais ne perd pas confiance. Durant le retour, il disait à sa mère que la Sainte lui accorderait certainement plus tard ce qu'elle semblait encore lui avoir refusé. Rentré chez lui, il se couche, et sa mère ayant enveloppé la plaie de linges qu'elle avait fait poser sur le corps de la Sainte, il s'endort paisiblement.

Après un court sommeil, Philippe appelle sa mère et lui demande de panser de nouveau sa plaie. Elle accourt avec empressement, comme elle avait coutume de faire. Elle enlève les linges. Ciel ! quelle surprise ! Ils étaient secs et la fistule entièrement fermée.

Lorsque les médecins revirent leur ancien malade, ils furent stupéfaits de sa guérison si complète, si prompte et si peu naturelle.

Ce miracle eut lieu dans le courant de l'année 1844.

Ces quatre miracles, examinés à Rome avec la rigueur extrême en usage dans la congrégation des Rites, ont été approuvés et déclarés suffisants pour la Béatification. Pour la Canonisation, deux autres ont été requis et acceptés de même.

Les voici l'un et l'autre.

Françoise Huot, de Bonnecourt, canton de Neuilly, diocèse de Langres, était dans son enfance bergère, comme le fut Germaine. Bientôt, en grandissant, elle se trouva saisie d'étranges et violentes douleurs. C'étaient les commencements d'une terrible maladie, l'inflammation et peu à peu le ramollissement de la moëlle épinière. On ne peut en guérir, on en meurt sans retard : telle fut la sentence de médecins de l'hôpital de la Charité de Langres, où ses parents l'avaient portée. Paralysée de tous ses membres, couverte de plaies, soumise à d'atroces douleurs, elle entendit un jour la religieuse qui la soignait lui parler de la bienheureuse Germaine. « Quelle est donc cette nou-

« velle bienheureuse? lui demanda Françoise.
« — C'est une pauvre bergère qui a bien souffert
« durant sa vie, que Dieu glorifia toujours par
« d'innombrables guérisons miraculeuses et que
« l'Eglise vient de béatifier. — Une bergère!
« s'écria la pauvre infirme, elle aura pitié de

moi; car j'ai été bergère aussi et je souffre
« beaucoup! » Une neuvaine fut commencée, pendant laquelle la malade répétait souvent, avec grande confiance : « Bienheureuse Ger-
« maine, obtenez-moi de guérir afin que je
« puisse devenir Petite Sœur des pauvres, si le
« bon Dieu le veut! » Ce vœu fut exaucé : le dernier jour, après la communion, Françoise était instantanément guérie devant les reli-

Guérison de Françoise Huot.

gieuses et les personnes présentes à la chapelle.

Ce miracle s'opérait en 1858, le 14 juin, veille de la fête de la Bienheureuse.

La miraculée devint bientôt après, en religion, la Sœur Marie Germaine.

L'autre miracle s'était produit quatre ans plus tôt, le 15 novembre 1854.

Mademoiselle Lucie Noël, de Revel, du diocèse de Toulouse, était née de complexion très délicate. Encore enfant, l'infirmité la réduisait bientôt à ne pouvoir ni marcher ni se tenir debout sans l'aide d'une autre personne. Sa jambe droite, en particulier, s'était peu à peu allongée plus que l'autre de façon disproportionnée, et par suite du relâchement des articulations pouvait être tournée dans tous les sens.

Et cependant aucun soin, aucun remède ne manquait à l'enfant. Ses parents avaient appelé auprès d'elle les médecins les plus habiles. Tous s'étaient vus contraints, après avoir reconnu la même complication de maladie, à déclarer leur impuissance d'y porter aucun remède.

La jeune Lucie, tout en se résignant à la divine volonté, voulut enfin avoir recours à sainte Germaine, en qui elle se sentait une grande confiance. Elle demande donc à ses parents de la porter à Pibrac. Sa sœur et un prêtre de Grenade-sur-Garonne l'y accompagnent. Quand elle fut arrivée à l'entrée de l'église, elle voulut, malgré toute peine, s'avancer vers le tombeau de la Sainte, appuyée sur des béquilles et soutenue par sa sœur.

Au moment de la communion il lui vint en

pensée de se diriger seule et sans appuis vers la sainte Table; mais elle attribua cette pensée à une présomption coupable et craignit de scandaliser par une telle témérité. La même pensée lui vint quand elle sortit de l'église ; elle la repoussa pour le même motif, et elle se laissa porter dans la voiture qui devait la conduire à Grenade chez le digne prêtre qui l'avait accompagnée.

Parvenue à cette destination et laissée un instant seule dans la chambre où elle avait été portée, elle ne sut plus résister au désir qui la poursuivait depuis le moment de la communion. Il lui tardait de savoir si ses pressentiments ne l'avaient pas trompée, si la Sainte l'avait réellement guérie. Elle se lève, et sans le secours des béquilles, essaie de faire quelques pas. O bonheur ! elle se soutient parfaitement, sans éprouver aucune douleur; elle s'avance, parcourt la chambre en tous sens, va et vient promptement, sans gêne et sans embarras. Certaine alors de sa guérison, elle appelle sa sœur et lui communique sa joie : puis elle descend l'escalier, le remonte et le redescend en présence de sa sœur, du prêtre et de quelques autres personnes, tous remplis d'étonnement. La jambe droite avait repris sa vigueur et sa longueur naturelle; les douleurs avaient disparu; l'infirme était parfaitement guérie.

En témoignage, elle reprit le soir même, à pied, le chemin de Pibrac (au moins 25 kilomètres), avec sa sœur et leur hôte, afin de rendre grâces à Dieu et à sa bienheureuse Servante du miracle opéré en sa faveur.

A son retour à Revel, Mademoiselle Lucie Noël fut visitée par les médecins qui l'avaient soignée. Ils constatèrent sa parfaite guérison et ne purent s'empêcher de reconnaître que c'était là un vrai miracle.

On pourra voir plus loin, quantité d'autres faits aussi frappants que les six précédents et qui prouvent comment est bien fondée la confiance sans bornes que partout on a placée en la puissance et en la bonté de la bergère de Pibrac.

XIX. — **Tributs des beaux-arts à sa gloire.**

Les beaux-arts ont apporté un généreux tribut à la gloire de sainte Germaine. Parmi les nombreuses peintures qui ont entrepris de nous représenter la sainte bergère, il en est trois entr'autres qui méritent d'être indiquées. D'abord, celles qu'on a fait composer à Rome pour les cérémonies de la béatification et de la canonisation. Ce sont, par exception à un antique usage, des artistes français et non des romains qui eurent l'honneur de ce travail pleinement réussi. Ensuite, celle du R. P. Besson, de l'ordre de Saint-Dominique, que l'on peut admirer à Pibrac, sur l'autel même de la Sainte. Enfin, celle d'Ingres, faite pour l'église de Sapiac, sa paroisse natale, par le grand peintre montalbanais, en reconnaissance d'une guérison miraculeuse accordée à un de ses neveux par la compatissante thaumaturge de Pibrac.

La sculpture et l'architecture s'étaient mises, à Toulouse, en 1877, au service d'une idée proposée par un comité d'amis de la Sainte et qui reçut alors l'approbation empressée de toutes les administrations religieuses et civiles. Elever sur une belle place de la ville un monument artis-

tique à cette aimable sainte qui l'avait illustrée si catholiquement, quelle idée intelligente, populaire, chrétienne ! La place Saint-Georges fut désignée pour cet honneur. Un architecte toulousain, M. Pujol, traça le plan du monument, M. Falguière, son célèbre compatriote, sculpta la statue qui devait en être l'âme.

Mgr Desprez, entouré de sept archevêques, évêques ou abbés mitrés, en présence de toutes

Tableau du R. P. Hyacinthe Besson.

les autorités civiles, procéda en grande pompe à la bénédiction et à l'érection de ce beau et pieux monument. La ville entière se mit en fête comme aux grands jours de 1867.

Hélas ! sainte Germaine ne resta pas longtemps sur ce trône civil. Des municipalités se succédèrent hostiles à la Sainte, et l'une d'elles (1), en 1881, la nuit du 15 juillet, au milieu de l'indignation populaire difficilement contenue, fit démolir le monument et enlever la statue (2) !!! O clémente sainte Germaine, pardonnez, nous vous en conjurons, à ceux qui dans ce jour vous ont tant offensée !

Lorsqu'à Pibrac le pèlerin, ami de l'art, s'approche des reliques de la Sainte, il peut aussi remarquer une œuvre d'orfèvrerie d'un très réel mérite : la châsse qui les renferme. Elle est en beau cuivre doré. Ses dimensions, bien proportionnées, sont de 1m,20 de long, de 0m,50 de large et de 1 mètre de hauteur. Sa forme est une suite d'arcs en ogives surmontés d'un clocheton. Tout à fait au-dessus, la Sainte est représentée à genoux, au pied d'une croix ; des brebis sont auprès d'elle. Œuvre de Favier, de Lyon, elle est le riche présent offert à la nouvelle bienheureuse par le pieux abbé Lamarque, originaire de Pibrac, décédé à Toulouse, en 1861, à l'âge de plus de quatre-vingt-dix-neuf ans (3).

(1) M. Castelbou était maire.

(2) Cette statue, en bronze, reléguée depuis au musée de la ville, vient d'être cédée à la nouvelle église de Sainte-Germaine, élevée dans le quartier de Sainte-Agne.

(3) Il est resté, toute sa longue vie, Vicaire de la basilique de Saint-Sernin.

XX.

Reconstruction de son église de Pibrac.

Une œuvre immense et de grand art se prépare mûrement pour être proposée au zèle et à la

générosité des innombrables clients et amis que possède partout sainte Germaine : c'est la reconstruction, devenue nécessaire, de l'église de

Tableau d'Ingres.

Pibrac. Pareille à un gigantesque reliquaire, cette église nouvelle enfermerait l'enceinte de l'ancienne, sorte de relique vénérable, où la Sainte a tant prié, et à son tour, elle contiendrait l'inestimable dépôt de son corps virginal. Elle devrait être agrandie, se dilater beaucoup, pour donner un abri aux foules innombrables qui, certains jours surtout, y montent de la gare. Digne mémorial du troisième centenaire de l'entrée dans le ciel de l'admirable Bergère, le seul que jusqu'ici l'on ait pu célébrer, cette grande et belle église serait magnifiquement inaugurée en 1901, le 15 juin, jour fixé pour sa fête annuelle.

XXI. — **Extension et formes de son culte.**

Les pèlerinages sont rentrés dans nos mœurs. Lourdes surtout a opéré ce miracle. Aussi, plus nombreux qu'aux anciens jours, les pèlerins affluent sans cesse « à sainte Germaine, » et, comme aux anciens jours, l'aimable Sainte accorde ses miracles. Tout dernièrement encore, une pauvre percluse, muette et idiote, a retrouvé dans un premier voyage, la raison, l'ouïe et la parole, et dans un second, le reste d'une santé aujourd'hui florissante.

Aussi la gloire de sainte Germaine s'étend de jour en jour par tout le monde catholique. On la connaît, on l'invoque, on lui dresse des autels, non seulement dans tout le Midi et dans toute la France, mais encore en Belgique, en Italie, en

Sicile, en Allemagne, en Asie, dans les Indes, en Afrique, à Madagascar, et jusque dans la grande Amérique.

Une forme de son culte qui se répand le plus dans les paroisses et les communautés, c'est celle des congrégations de jeunes filles dont elle est la patronne et le modèle. Pibrac est devenu, aujourd'hui, très canoniquement, le centre d'une Association pieuse, qui agrège ces confréries et qui possède tous les privilèges d'une Archiconfrérie.

A Pibrac, les pratiques aimées des pèlerins sont, comme dans tous les pèlerinages : d'abord, des confessions particulières ou générales, des communions ferventes, des messes mieux entendues et des offices mieux suivis ; puis, l'offrande d'honoraires de messes à faire dire, de cierges à faire brûler, d'aumônes laissées pour les œuvres du pèlerinage. Mais, en particulier, on aime à baiser avec respect les reliques de la Sainte et à faire toucher à son corps des linges et des objets de piété. On consacre les malades et les enfants, en faisant réciter sur eux des oraisons et le saint Evangile. On s'inscrit, enfin, dans l'Association ou Archiconfrérie du pèlerinage à laquelle MM. les Curés et MM. les Aumôniers font agréger aussi les congrégations qu'ils dirigent.

Lorsque le 29 juin 1867, Pie IX eut décerné le titre de Sainte à la Vierge Germaine, il termina l'auguste cérémonie de ce jour en chantant de sa voix sonore la prière suivante, devenue par là même la prière liturgique de la nouvelle Sainte :

Deus, humilium celsitudo, qui Beatam Germanam, Virginem tuam, charitatis et patientiæ decore excellere disposuisti : ejus meritis et intercessione concede, ut, crucem jugiter ferentes, Te semper diligere valeamus. Per Dominum Nostrum Jesum Christum Filium tuum qui Tecum vivit et regnat in unitate Spiritus Sancti, Deus, per omnia sæcula sæculorum.

Une immense multitude répondit d'une voix unanime : *Amen.*

On sait qu'en français ces paroles signifient : *O Dieu, grandeur des humbles, qui avez voulu faire briller sainte Germaine, votre Vierge, de l'éclat des vertus de charité et de patience, faites, par ses mérites et son intercession, que portant constamment la croix, nous puissions Vous aimer toujours ! Par Jésus-Christ Notre-Seigneur, qui, étant Dieu, vit et règne avec Vous*

Apothéose de sainte Germaine.

dans l'unité de l'Esprit-Saint, pendant tous les siècles des siècles. Ainsi soit-il !

SANCTA GERMANA, ORA PRO NOBIS ! SAINTE GERMAINE, PRIEZ POUR NOUS ! Tels sont les mots que porte en exergue l'apothéose dessiné ci-contre. Cette pieuse invocation forme aussi le refrain d'un des cantiques populaires en l'honneur de la Sainte. Placée à la fin d'une de ses dernières strophes, elle clôturera dignement cette Vie :

Vous qu'au ciel, Dieu rend si puissante,
Vous, qui prenez pitié de tous,
Thaumaturge compatissante,
O GERMAINE, PRIEZ POUR NOUS !

DEUXIÈME PARTIE

MIRACLES

Peu de saints ont été aussi glorifiés que l'humble bergère de Pibrac par la toute-puissance de Dieu. C'est à juste titre qu'on a pu la nommer la thaumaturge du Midi.

Depuis son apparition à Madame de Beauregard et la guérison merveilleuse de cette dame, les miracles, nous l'avons dit, n'eurent pas d'interruption soit sur sa tombe, soit partout où la foi l'invoquait. On prit soin parfois d'en constater quelques-uns par écrit ; mais un très grand nombre, et non des moins importants, ne l'ont jamais été.

En 1843, lorsque Mgr d'Astros, archevêque de Toulouse, résolut de faire enfin réussir la cause de béatification de sa glorieuse diocésaine, il envoya M. l'abbé Estrade parcourir les diocèses où la vierge de Pibrac était connue, afin de recueillir les faits miraculeux qui lui étaient attribués. Cet habile et digne zélateur de la cause rapporta à Sa Grandeur un grand dossier de procès-verbaux attestant légalement plus de quatre cents miracles ou grâces extraordinaires dûs à l'intercession de la pieuse Germaine.

On peut voir l'exposé authentique de ces prodiges, ainsi que celui d'un grand nombre d'autres opérés depuis trois siècles, dans les Actes volumineux de la béatification et de la canonisation de la Sainte.

Voici le récit abrégé de quelques-uns, extraits de cette source autorisée.

1. En 1664, trois ans après la première enquête instituée par l'archidiacre Jean Dufour, Anne Frégaud, pauvre femme de Pibrac, affligée des écrouelles, voyait, après quatre années de soins et de remèdes, son mal empirer constamment. N'attendant plus sa guérison des moyens humains, elle implora l'intercession de la bienheureuse Bergère sa compatriote. Elle fut à l'instant entièrement guérie, au grand étonnement de tout le village, qui l'avait vue chargée d'ulcères, dont il restait à peine les cicatrices. Vingt ans après, une fluxion à l'œil droit lui fit perdre subitement la vue, et elle resta dix-huit mois dans cet état. Elle eut de nouveau recours à la pieuse Germaine, et, de nouveau elle obtint nne entière guérison. Anne Frégaud se présenta elle-même en 1701 au P. Morel, certifiant de vive voix et par écrit les deux grâces étonnantes qu'elle avait reçues.

2. Plus dangereux encore et plus digne de compassion était l'état dans lequel se trouvait, en 1670, l'abbé Roumenguères, vicaire de Pibrac. Une paralysie universelle le privait de tout mouvement. Après avoir inutilement essayé des secours de la médecine, il se fit transporter auprès de la bière qui renfermait le corps de sa

sainte paroissienne, et il implora sa protection ; elle ne la lui fit pas attendre. Ce bon prêtre se sent tout à coup animé d'une vigueur inconnue depuis longtemps. Il se dresse lui-même sur ses pieds, il prépare ses ornements, il monte à l'autel, et célèbre la sainte messe en présence d'un grand nombre de personnes qui, témoins

du miracle, s'unissent à lui pour rendre gloire à Dieu, admirable dans ses Saints.

3. Tout proche de Pibrac, dans la commune de Cornebarrieu, vivait une jeune fille de douze ans nommée Bernarde Roques ; elle était paralytique, et, depuis quatre ans, les médecins l'avaient déclarée incurable. En l'année 1677, ses parents l'apportent avec confiance au tombeau de Germaine. Ils entendent la messe, prient, et

Château de Pibrac.

lui font toucher les reliques ; elle marche, elle est guérie. Elle revient à pied, libre et joyeuse, suivie de ses parents qui bénissent Dieu.

4. Jean Delapart, ses deux filles, âgées de vingt-deux et vingt-trois ans, et son fils, qui en avait dix-huit, habitants de Colomiers, près Pibrac, étaient atteints des écrouelles et couverts d'ulcères. Ils savaient que Germaine, qui avait supporté ce même mal avec tant de résignation, se montrait souvent favorable à ceux qui lui demandaient de prier Dieu de les en délivrer. Ils vinrent ensemble l'invoquer, entendirent dévotement la sainte messe, touchèrent la bière, et s'en allèrent pleins d'allégresse, ayant tous quatre obtenu ce que leur foi était venue chercher.

5. Les habitants de Pibrac, qui à la vue de tous ces miracles, redoublaient de confiance en leur sainte compatriote, en éprouvèrent aussi les précieux effets, en l'année 1692, par le miracle suivant dont tous furent les témoins étonnés et reconnaissants.

Dans l'été de cette année, le village fut tout à coup environné à distance, d'un sombre nuage, au milieu du jour. L'horizon paraissait en feu, et déjà l'on entendait gronder au loin le tonnerre. Jamais, de mémoire d'homme on n'avait vu un orage se former et menacer d'une manière aussi sinistre. Justement effrayés de tous ces signes avant-coureurs de la tempête, les habitants se réfugient dans l'église au pied des autels. Par un mouvement spontané, véritable inspiration du Ciel, ils se précipitent en foule autour du cercueil de la Sainte, la suppliant de protéger leur maisons, leurs moissons et leurs fruits. Leurs prières ferventes furent à l'instant exaucées. Un orage affreux se déchaîne aussitôt sur tous les points qui environnent les champs de Pibrac, et hâche, ravage tout sur son passage. A Colomiers surtout, il est terrible ; tous les arbres y sont déracinés et quatre cents maisons, disent des témoins authentiques, sont saccagées ou détruites. La perte s'élève à deux cent mille francs, somme énorme pour cette époque. Mais tandis que la tempête dévaste le voisinage, à Pibrac, un calme profond règne dans l'atmosphère et le ciel y demeure serein.

6. Un très grand nombre d'autres miracles eurent lieu, avant l'année 1700. Ils se trouvent consignés dans les actes du procès fait à cette époque par le P. Morel.

Depuis cette enquête mémorable, les registres authentiques de la paroisse en ont constaté beaucoup d'autres, dont nous ne rapporterons que ceux-ci.

François Tissinier, garçon de vingt ans, du village de Caubiac (village à quatre lieues de Pibrac, au Nord-Ouest, dans le canton de Cadours), était privé de la parole et de l'ouïe. Confiant au pouvoir de Germaine, il supplia comme il put M. Bourget, vicaire de Léguevin, de l'accompagner à Pibrac, et d'y célébrer la messe à son intention. Ils arrivèrent le 9 du mois de juin 1702. Pendant que le prêtre offrait le saint sacrifice, François se recommandait à la Bienheureuse avec une foi vive. La messe étant terminée, l'infirme était guéri. Il suit le prêtre à la sacristie, et là, d'une voix claire et ferme, il le remercie du bienfait qu'il a obtenu. Les assistants étonnés, le pressent de questions, pour s'assurer si réellement il n'est plus sourd ni muet. Il répond sur son nom, sur son village, sur ses parents, enfin, à tout ce qu'on lui demande. La relation est signée du comte de Pibrac, de trois prêtres et de cinq autres témoins.

7. A la suite d'une cruelle maladie, Jean Serre, âgé de dix-huit ans, fils d'un riche marchand de Toulouse, resta entièrement estropié d'une jambe, dont il ne pouvait en aucune façon se servir. Après une année de soins inutiles, il se fit conduire à Pibrac, le 9 septembre 1703. S'étant confessé et ayant communié, il s'approche des reliques de sainte Germaine et se sent guéri. Tout à coup, en présence du curé et d'un grand nombre de témoins, il jette sa béquille, et marche librement dans l'église, louant Dieu à haute voix.

8. La même année, 1703, le 16 octobre, fut aussi guérie miraculeusement non d'une maladie, mais d'une complication de maux, Marie Pennetier, de Toulouse. Elle était, depuis plusieurs années, affligée de continuelles et très vives douleurs d'entrailles qui ne lui laissaient point un instant de repos ; elle avait de fréquents vomissements convulsifs ; une grande et terrible plaie lui rongeait le visage. Aucun remède n'avait pu la soulager. A peine a-t-elle promis de faire un pèlerinage au tombeau de la Sainte, que la plaie se ferme ; et quand elle vient au tombeau de Germaine pour acquitter son vœu,

tous ses autres maux disparaissent également et font place à une santé parfaite.

9. En 1705, un ancien Procureur général au Parlement de Toulouse, messire Lemazuyer se rend à Pibrac, « pour y faire ses dévotions en « actions de grâces de ce que Dieu l'a délivré

« soudainement de douleurs violentes et conti« nuelles auxquelles allait succomber sa débile « vieillesse ; et ce, dès qu'il eut invoqué le Sei« gneur par les mérites de la dévote Germaine, « dont le corps repose dans la sacristie de « Pibrac. » Ce sont les termes mêmes du procès-verbal signé par le magistrat reconnaissant.

10. Les registres paroissiaux des miracles, tenus, vers la fin du siècle dernier, avec une

Portail d'Henri IV.

excessive négligence, ne mentionnent même pas de miracles tels que les deux suivants, authentiquement attestés d'ailleurs, et arrivés en 1784, quelques années avant la Révolution.

Jeanne Marie Miquel, de Toulouse, à la suite d'un rhumatisme dont elle avait souffert dès son enfance, avait eu les jambes complètement paralysées. Dans cette infirmité, qui durait depuis sept à huit ans, elle ne pouvait se mouvoir qu'à l'aide de béquilles, lorsque son père la conduisit, en 1784, au tombeau de Germaine. Pendant la messe, au moment de l'élévation, elle sentit intérieurement qu'elle guérissait, et, d'elle-même, sans secours, elle se mit à genoux. La consécration étant terminée, elle se relève et s'asseoit La messe finie, elle marche. On la voit avec admiration parcourir agilement l'église ; et elle revient à Toulouse, laissant ses béquilles suspendues au tombeau de l'humble bergère qui l'a si bien et si promptement délivrée.

11. Jean-Baptiste Teulade, fils d'un marchand de Toulouse, était né aveugle. Un jour que sa mère le regardait en pleurant, une servante de la maison, jeune fille de grande piété, lui dit : « Madame, que ne recourez-vous à Germaine Cousin ? » La pauvre mère, encouragée par ces paroles, pria la servante d'aller elle-même à Pibrac et de faire célébrer une messe pour obtenir de Germaine la grâce désirée. La pieuse fille s'y rendit avec joie et se mit en prière. La mère priait à la maison. Tout à coup l'enfant aveugle, couché dans son lit, élève la voix avec force : « Oh ! maman ! maman ! que je vois de belles

choses ! » Du doigt il montrait la couverture de son lit qui était de différentes couleurs. La mère, dans un transport de joie, embrasse son enfant et se jette hors de la maison, appelant de toutes parts ses voisines pour les rendre témoins de cette merveille. Son fils avait subitement acquis

la vue, dans le moment même, comme on le sut bientôt, que la jeune servante priait au tombeau de Germaine.

Nous avons dit plus haut que pendant le temps où ses reliques étaient profanées, au fond de la fosse creusée pour les détruire, la sainte Bergère, toujours visitée et invoquée, continuait même alors d'opérer ses miracles accoutumés.

Mais depuis la restauration du culte et durant le cours du siècle présent, ils se sont multipliés

Château de Beauregard.

plus encore, et c'est de leur récit succinct, authentique et signé, que sont remplis les nouveaux registres paroissiaux dressés dans ce but. Les grandes Vies de la Sainte écrites par Louis Veuillot, par l'abbé Salvan, par M. Bénezet, etc., les reproduisent tout au long. Là, comme dans la première relation de Jean Dufour, en 1661, on peut voir une série monotone, mais très longue, d'aveugles, de sourds, de muets, d'ulcéreux, de scrofuleux, d'estropiés, de paralytiques, de malades de toute sorte, guéris presque toujours subitement, et sans autre remède que la foi, la prière et l'approche des reliques de la Sainte. Et ces miraculés sont des pauvres, des riches, des campagnards, des citadins, des petits, des grands (1), des gens originaires de toutes les parties de la France, de l'Espagne, de la Belgique et d'autres pays.

On a longtemps pu voir exposée à l'entrée de la sacristie une galerie présentant une collection de béquilles de toute grandeur et de toute forme, laissées par des malades en témoignage de leur guérison et comme des trophées de la puissance céleste de Germaine.

Parmi les pièces de ce trésor, quelques personnes remarquaient, tout intriguées, une paire de menottes de prisonnier, en fer et très anciennes. A ce sujet, on racontait le curieux trait suivant :

(1) Entr'autres, Marie-Thérèse d'Espagne, femme de don Carlos, qui, retirée à Bourges, fut, en 1845, guérie par la Sainte, dont lui parla M. l'abbé de Pous, neveu de Mgr de Villèle, ainsi qu'elle l'atteste elle-même dans une lettre écrite à Pie IX. (Voir Salvan, *Vie*, p. 170.)

12. Bien des années avant la Révolution française, un pauvre prisonnier, accusé d'un grand crime, était conduit par la maréchaussée devant les juges de Toulouse. Il venait de la Gascogne. La grand'route d'Auch à Toulouse passait alors par le village de Pibrac. Ce prisonnier était innocent. Il avait entendu parler des miracles opérés par la sainte bergère. Arrivé devant l'église, où étaient ses reliques, il conjura ses gardes de l'y laisser entrer pour prier sainte Germaine. Ils lui accordèrent sa pieuse demande. Suivis de quelques habitants piqués de curiosité, ils entrent avec lui. Le pauvre prisonnier va d'abord se jeter à genoux au pied du saint tombeau, répandant d'abondantes larmes et conjurant la compatissante bergère de faire manifester son innocence. Au moment où pressé par les gardes, il se relevait, sa prière finie, les menottes tombent tout à coup de ses mains. Les assistants s'en aperçoivent et crient au miracle ; ils veulent s'emparer du prisonnier et lui rendre la liberté. Mais il s'y oppose, avec raison, et accompagné de ses gardes, devenus respectueux, il se présente à ses juges, qui, exactement instruits, l'acquittent avec empressement. Il demande comme une grâce qu'on lui donne ses menottes et tout heureux de les avoir obtenues, il court à Pibrac auprès de sa sainte libératrice et lui en fait un triomphant hommage.

En 1840, et un peu plus tard, en 1845, deux guérisons miraculeuses eurent à Toulouse et dans toute la région un tel retentissement que nous devons les indiquer ici.

13. La première est celle de M. Charles de Raymond-Cahusac, alors âgé de huit ans et demi. Une maladie de l'épine dorsale l'avait depuis plusieurs mois privé de l'usage de ses membres. Il ne pouvait ni se tenir debout ni marcher. Quand on le portait sur les bras, ses jambes étaient flottantes, comme les jambes d'un squelette ; si l'on appuyait ses pieds à terre, elles fléchissaient aux articulations, sans offrir au poids du corps la moindre résistance. La paralysie de ces extrémités inférieures était complète ; il y avait atrophie. Les meilleurs soins de la médecine avaient été infructueux. Le 28 avril, il fut porté dans l'église de Pibrac. Pendant la messe, au moment de l'élévation, le jeune malade se lève et se met à genoux, en disant : « Je suis guéri ! » Il reste dans cette position jusqu'à la fin de la messe. De suite après, il marche légèrement appuyé sur le bras de sa grand'mère. Cela se passait vers les neuf heures du matin. A cinq heures du soir, il parcourait à pied, sans être aucunement soutenu, plusieurs rues de Toulouse, faisait des visites, montait des escaliers. Saisi d'étonnement, le médecin distingué qui avait soigné jusque-là le jeune enfant, déclara que Dieu seul avait pu opérer cette guérison si subite et si parfaite. Elle s'est depuis admirablement soutenue. A cette heure, M. Charles de Raymond, digne héritier des nobles et chrétiennes traditions de sa famille, est le président de l'œuvre importante des Hospitaliers de Notre-Dame de Lourdes.

14. La seconde guérison est celle de Mademoi-

selle Henriette d'Adhémar, d'une des nobles familles de Toulouse.

A l'âge de quatorze ans, dit le savant docteur

qui la soignait, sa santé, d'ailleurs délicate, était souvent altérée de névroses, toutes très douloureuses. En 1842, ces affections s'étaient tellement aggravées qu'elle avait perdu entièrement l'usage de la langue et d'une jambe. Elle avait la main droite couverte de plaies ; elle ne pouvait plus prendre que fort peu de nourriture, toujours au

Sainte Germaine enseignant les petits enfants.

prix de très vives douleurs. Immobile dans son lit, elle attendait en quelque sorte à chaque instant la mort, ne donnant plus aux médecins aucun espoir de la guérir. Elle se fit transporter à Pibrac, et sa foi y fut immédiatement bénie. Avant la fin même de la messe qu'elle entendait, elle se sentit subitement délivrée de tous ses maux. Elle avait recouvré la voix, le mouvement ; les douleurs avaient cessé. Sortie de l'église, elle put prendre des aliments, et son estomac ne les rejeta point. Comme ce jour-là était un vendredi, elle fit maigre, disant qu'ayant obtenu de Dieu la santé par l'intercession de sainte Germaine, elle devait, par reconnaissance comme par devoir, observer les lois de l'Eglise. Elle prit en même temps la résolution de venir à Pibrac en pèlerinage, le troisième vendredi de chaque mois, pour remercier sa céleste protectrice.

15. Terminons par ce fait arrivé récemment, qui prouve l'amabilité de Notre-Dame de Lourdes (1) à l'égard de sa douce servante, la bergère de Pibrac. Un train spécial de pèlerins qui allait à Lourdes voulut, selon un usage qui s'établit, s'arrêter à Pibrac pour que, recommandé par Germaine, il fût mieux accueilli par Marie.

(1) On trouve à Lourdes, dans la basilique, une chapelle dédiée à sainte Germaine : c'est la première à gauche en entrant. Sur l'autel de cette chapelle fut placée, dans un beau reliquaire, une précieuse relique de la sainte, que donna à Notre-Dame un pèlerinage paroissial de Pibrac. De plus, on peut voir dans la crypte, sur un élégant piédestal à droite, en entrant, une statue de la sainte française du Midi qui fait pendant à celle d'un saint français du Nord, le pauvre mendiant de Jésus-Christ, Benoît Labre.

Dans ce train se trouvait une pauvre religieuse converse qui, depuis quatorze ans, ne pouvait marcher et se tenir debout qu'à l'aide d'une béquille. Elle se plaça près du tombeau de la Sainte, pria longtemps, ne demandant qu'une guérison incomplète, le pouvoir seulement de marcher et d'agir sans béquille. Elle l'obtint à l'instant, laissant là sa béquille près du tombeau de sa bienfaitrice en témoignage de sa guérison et de sa gratitude.

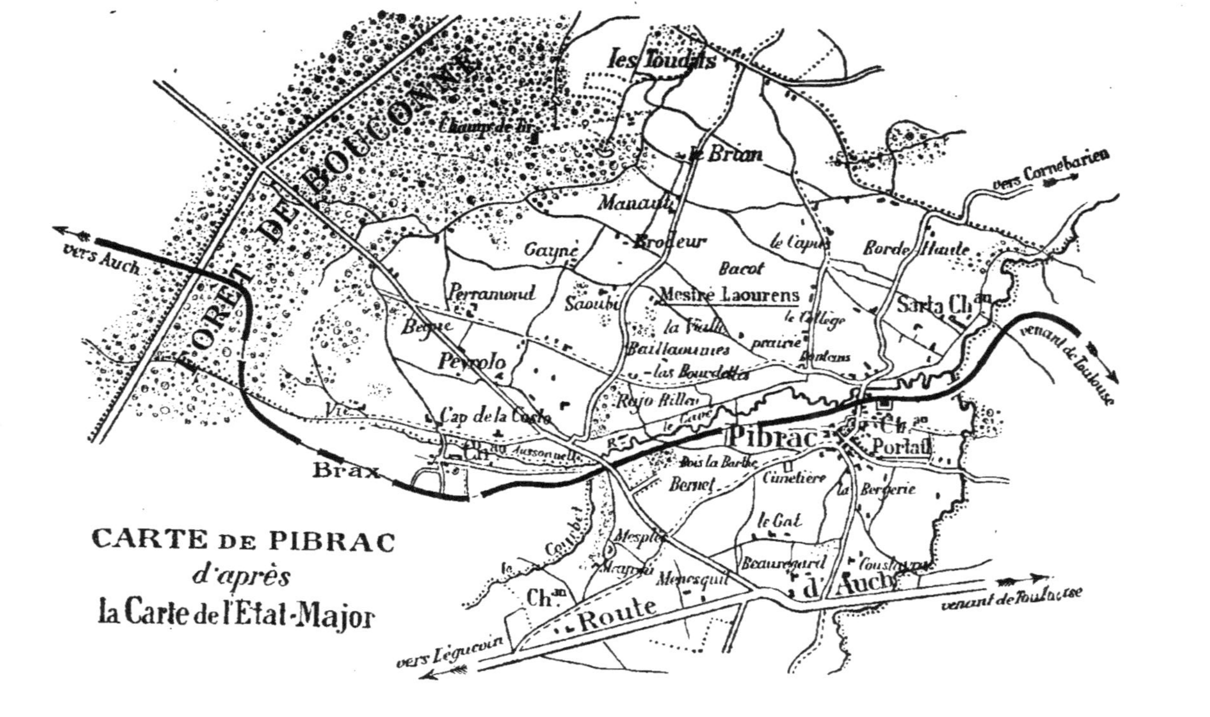

CARTE DE PIBRAC
d'après
la Carte de l'Etat-Major

TROISIÈME PARTIE

PIBRAC

I. — Détails topographiques

Les deux syllabes du mot Pibrac décrivent exactement, dans la langue du pays, le site du village : *pi* ou *py* signifie puy, pic, pointe de terre, élévation ; — *brac*, court, écourté, ébrêché (1).

La commune de Pibrac, y compris ses hameaux, compte environ 950 habitants et plus de 240 maisons. La population paroissiale est moindre : elle ne compte que 800 âmes.

L'agglomération est à 15 ou 16 kilomètres à l'ouest de Toulouse. Le chemin de fer de Toulouse à Auch passe au bas du village Sa station est à 5 kilomètres de celle de Colomiers-Lasplanes, à 13 de la gare de Saint-Cyprien et à 23 de celle de Matabiau. Léguevin, le canton dont Pibrac dépend, n'est, par terre, qu'à 5 ou 6 kilomètres vers le sud-ouest.

L'église, qui domine le promontoire séparant les deux vallons de l'Aussonnelle et du Courbet

(1) Voir *Dictionnaire des langues romanes*, par Frédéric MISTRAL.

son affluent, est à peu près à 30 mètres de hauteur au-dessus du sol de la gare, dont l'altitude est de 156 mètres. Pour monter de là à l'église, on rejoint, le long de la voie ferrée, une rue assez large, qui n'est pas longue, mais un peu raide. Sur le haut de cette rue, on tourne subitement à droite par un large escalier en face de la porte latérale de l'église, dans laquelle on ne pénètre encore qu'après avoir gravi un second escalier. Il en est, on le voit, de ce lieu de pèlerinage comme à peu près de tous les autres ; il est haut placé, tel qu'un chemin du ciel, et l'on ne peut l'atteindre qu'au prix de quelques efforts.

Après la visite de l'église et des reliques de la sainte, Pibrac présente encore à la curiosité du touriste la maisonnette où elle est née et où elle est morte. Le château de Pibrac, sa terrasse, ses parcs et tout son intérieur ne sont plus, comme jadis, accessibles au public, depuis que ses maîtres en font leur résidence. Mais rien n'empêche encore de visiter le portail d'Henri IV, qui en dépend. Vers le fond de la rue qui y conduit, se trouve à droite une vaste maison, sur le devant d'un grand parc. Elle est occupée par une école communale libre de garçons et par un noviciat des Frères des Ecoles chrétiennes.

L'école libre des filles, tenue par les Sœurs de la Croix de Saint-André, est située dans le haut du village, sur la place, au coin opposé à celui du presbytère, ou plutôt de la maison des Pères missionnaires qui desservent l'église et le pèlerinage.

Cette place est appelée du Fort, ou plus simplement le Fort, parce que très anciennement elle était couverte par une construction fortifiée, entourée de fossés et d'autres défenses. Cet antique bâtiment ayant disparu peu à peu, l'es-

pace qu'il remplissait fut occupé après la Révolution par plusieurs maisons et fractionné en petits enclos. Mais en 1854, il a été enfin dégagé, aplani et disposé tel qu'il est.

La grande et belle route de Toulouse à Auch qui passe à un kilomètre au sud de Pibrac, n'existe que depuis la Restauration ou, tout au plus, depuis le premier Empire. Le grand chemin ancien reliant ces deux villes passait, auparavant, au centre de Pibrac ; il formait, en y

Vue de Pibrac, côté du Nord.

entrant, cette large rue qui du portail d'Henri IV monte dans le haut du village jusqu'en face des maisons appelées les *couverts*. Jadis, il passait sous ces *couverts* et en sortait par une sorte de porte qui donnait accès sur le Fort De là, il tournait, sans doute, à gauche, derrière le presbytère actuel, pour se diriger vers Brax sur le flanc du coteau qui longe à droite la Courbet.

Aujourd'hui, cet ancien chemin en question, arrivé aux *couverts*, tourne brusquement à gauche, puis un peu à droite, à la bifurcation que l'on rencontre à quelques pas de là, monte tout à fait hors du village sur le plateau, d'où l'on a une assez belle vue sur le vallon et les coteaux de l'Aussonnelle, longe le cimetière nouveau, évite les deux petits chemins de droite, et conduit à Léguevin.

La rue qui à la bifurcation précédente, descend à gauche vers le sud tourne à l'est et longe la partie méridionale du parc des Frères, conduit en inclinant peu à peu de nouveau vers le sud, à la grand'route actuelle de Toulouse à Auch, à un kilomètre et demi de là.

Quant au chemin déjà mentionné, qui de la place du Fort part vers l'ouest, longe le presbytère, domine le vallon du Courbet, et se dirige vers Brax, arrivé à cent pas du village, il est tout à coup, derrière une haie, coupé à angle droit par un autre chemin qui descend au nord-ouest, vers le Courbet. C'est par là, sans le moindre doute, que sainte Germaine partant des hauteurs de Mestré-Laourens, traversait le Courbet et arrivait à l'église.

Ce chemin est le plus court pour aller à Mestré Laourens, maison natale de sainte Germaine ; mais c'est le moins facile. Le plus commode, le seul carrossable, mais le plus long, c'est celui qui de l'église redescend vers la gare, la laisse sur la droite, traverse le chemin de fer et le pont du Courbet, tourne à gauche et monte en écharpe sur la hauteur à un endroit nommé Bontemps. Là, évitant tous les chemins de droite, on va droit devant soi ; on n'est qu'à 1,500 ou 1,600 mètres de la maison de sainte Germaine. Le parcours total de l'église à la maisonnette, par ce chemin, est d'environ trois kilomètres ; par l'autre chemin, à travers les prés et les mauvais sentiers, il est à peu près moindre d'un kilomètre.

La maison dite de Mestré Laourens est bien certainement à la même place que du temps de sainte Germaine. Une partie de ses murs paraissent bien remonter aussi à la même époque. Mais de l'escalier sous lequel elle couchait et sous lequel elle expira, il n'est guère que l'endroit qui puisse être authentique. A trente pas de là, vers le sud-ouest, les possesseurs présents de la maison, — qui ne sont point de la famille de la sainte, car il y a longtemps que sa parenté s'est éteinte, — ont élevé un tout modeste monument à la sainte bergère. Très souvent, en effet, elle a conduit par là son troupeau, en le dirigeant vers le Gaïné ou vers les lisières de Bouconne.

A quel endroit précis stationnait son troupeau autour de la houlette, pendant qn'elle était à l'église ? Cet endroit d'abord n'a pas dû être toujours le même ; mais, certainement, tantôt c'était là haut, dans ces champs et ces prés, tantôt peut-être aussi plus bas, dans les vallons voisins baignés par le Courbet. Il est pourtant dans ces vallons un lieu nommé *le Cavé* ou *le Caoué*, à un kilomètre environ du village en amont du Courbet, que plusieurs auteurs se plaisent à désigner comme le théâtre de ce miracle chaque jour répété.

Mais ni la tradition, ni les témoignages du procès canonique ne l'ont indiqué avec certitude, pas plus qu'ils n'ont marqué exactement cet autre endroit, peu distant de la ferme natale, où s'opéra le miracle des fleurs. Pour celui du passage du Courbet, il paraît bien devoir être placé en face de l'une des maisonnettes nouvelles des garde-voies, et plus probablement en face de la première, en sortant de Pibrac. C'est encore tout près de là, dans ce qui reste du bois dit de La Barthe, et à moitié coteau, où l'on a vu longtemps les ruines d'un castel, qu'il semble plus vraisemblable de placer l'endroit de la vision des deux moines, la nuit de la mort de la sainte.

II. — **Détails historiques.**

1. — *Sur l'Eglise.*

« Au commencement du XIIe siècle, Pibrac n'était, suivant les titres de cette époque, qu'un simple *castrum*, espèce de refuge bâti sur une hauteur, où le seigneur du lieu avait établi sa résidence. Près de sa demeure, se trouvait un modeste oratoire qui fut, sans doute, remplacé plus tard par l'église actuelle. Cet oratoire était desservi par un chapelain dont le ministère s'étendait à tous les employés du château.

« Jusqu'en 1128, nous n'avons trouvé aucun renseignement sur cet ecclésiastique; aussi nous serait-il difficile de dire s'il appartient au clergé régulier ou au clergé séculier. Mais au commencement du XIIe siècle (1128), nous trouvons un acte qui nous apprend qu'à cette époque les Frères Hospitaliers de Saint-Jean de Jérusalem (1) avaient déjà des relations avec Pibrac. » (PIBRAC, *Histoire,* etc., par M. le comte A. du Faur de Pibrac, p. 7.)

Ils y acceptent alors, en effet, des donations d'abord d'un riche et généreux habitant nommé Pierre de Pibrac, plus tard, d'un de ses fils appelé Pierre-Raymond, et, enfin, à la mort de ce dernier, de sa veuve Ermengarde et de ses deux fils.

Cent ans après, un descendant de ces généreux donateurs, Arnaud-Raymond de Pibrac, fonde dans le village et dote un hospice, qui a existé jusqu'à la Révolution. « Depuis, ses lits ont été absorbés par ceux de la grande administration hospitalière de Toulouse. » Or, un acte

(1) On appelait encore ces religieux-militaires (héritiers, en Orient surtout, des principales œuvres des Templiers, ou chevaliers du Temple), chevaliers de Rhodes et puis chevaliers de Malte.

Ils devaient être alors depuis peu de temps à Toulouse, puisque leur ordre, fondé récemment à Jérusalem par Gérard de Martigues, n'avait été approuvé pour toute la chrétienté qu'en 1120.

du 4 septembre 1231, conservé dans les archives de la Préfecture de Toulouse, constate authentiquement que cet hospice, ainsi que la paroisse, étaient administrés alors par les Frères Hospitaliers de Saint-Jean.

En 1540, le château actuel ayant été rebâti et agrandi par Pierre du Faur de Pibrac, président au Parlement de Toulouse, père du célèbre Guy du Faur de Pibrac, et par Causide (1) Douce, sa mère, fille de Jean Doux, co-seigneur de Pibrac, l'église le fut aussi, en même temps, par les soins du Frère prieur, Guy-Raymond Monet, des Hospitaliers de Saint-Jean, curé de Pibrac. Elle fut même voûtée; mais les murailles n'étant pas assez fortes pour supporter la voûte, il fallut en abattre la voûte et lui substituer un simple plafond.

Soixante ans plus tard, en 1604, les troubles religieux, suscités par les protestants avaient tellement ravagé et ruiné les biens ecclésiastiques dans tout le midi de la France, que cette église, quoique récente, était tombée dans le plus complet délabrement et dans la plus extrême misère : « *Une toiture complètement à refaire ; les murs lézardés, laissant passer le vent à travers leurs parois ; des fenêtres dépourvues de leurs vitraux brisés ; sur le maître-autel, un tabernacle et une croix hors de service :... un pauvre ciboire en cuivre ; pas de lampe au sanc-*

(1) *Causide* est un terme languedocien qui signifie *choisie*, *élue*, en latin, *electa*. Aux noms paternels de forme masculine, tels que Blanc, Roux, etc., et en particulier Doux, on donnait anciennement et encore aujourd'hui, en plusieurs contrées, la terminaison féminine, quand il s'agissait de personnes du sexe.

tuaire ; des fonts baptismaux vieux, en plomb et fort sales, etc., » tel est l'état navrant décrit, en résumé, par les enquêteurs officiels.

Tel il se présenta pendant les vingt-deux ans de sa vie, à l'œil attristé de Germaine. Loin de la détourner de sa visite quotidienne au divin

Sacrement, il l'attirait au contraire. Eh ! ne fallait-il pas, par des honneurs répétés et des adorations plus assidues, honorer et orner ce lieu saint si pauvre et si délaissé, dans lequel, néanmoins, Jésus daignait habiter, l'accueillir et se donner ?

Lorsqu'en 1601, ses dépouilles mortelles y furent portées et ensevelies au milieu d'un grand concours de peuple, ne semble-t-il pas que déjà,

Eglise de Pibrac.

par la céleste influence de la bergère adoratrice, cet état misérable ait dû impressionner et frapper vivement des yeux, jusque-là ou distraits ou insensibles? C'est, en effet, deux ou trois ans après, que fut faite l'enquête officielle qui, en le signalant et en le déplorant, ordonnait de le faire cesser.

Mais il fallut les efforts de tout un siècle avant d'y réussir. Cette église ne fut enfin déclarée digne et satisfaisante, par les visiteurs Hospitaliers, qu'en 1705, alors que, l'année précédente, la commune de Pibrac était parvenue à la rebâtir à neuf.

Il semble que depuis lors, elle aurait traversé tout le XVIIIe siècle et même la Révolution, sans réparation et sans retouches notables. Bien plus, en des jours si désastreux pour tant d'autres églises, elle put s'enrichir des magnifiques dépouilles de deux églises monastiques supprimées à Toulouse. Le grand rétable doré et décoré de très belles statues qui orne si bien le sanctuaire, le maître-autel et le tabernacle, l'un et l'autre en marbre rare, proviennent de l'église des Dames du Refuge. La chaire et deux rétables, encadrant deux tableaux de Despax (1), qui ont longtemps décoré les deux chapelles latérales, avaient figuré auparavant dans l'église des Dames de la Visitation. L'un de ces tableaux représentait le Sacré Cœur de Jésus, l'autre saint François de Sales, et les statues du grand rétable, saint Pierre, saint Paul, saint

(1) Peintre toulousain de mérite, du siècle dernier.

Jean-Baptiste, saint Etienne, saint Augustin et saint Ignace de Loyola.

En 1830, on transféra la sacristie du côté sud du sanctuaire, où elle avait toujours été, au côté nord de la nef, où elle se trouve encore. Le

P. Montagne la fit agrandir, quelques années plus tard. C'est lui encore qui, après 1841, fit construire, sur l'ancien cimetière, la chapelle méridionale longeant la nef, à gauche en entrant.

Vers 1846, une poutre vermoulue du plafond de l'église étant tombée, la nuit, près de la chaire, à gauche, la municipalité la fit remplacer

Monument de la place Saint-Georges, à Toulouse.

et fit refaire la toiture. La fabrique, ou plutôt le P. Montagne, n'ayant pu obtenir d'exhausser tout l'édifice et de lui donner une voûte, il disposa l'ancien plafond, comme il put, en voûte surbaissée à caissons losangés, et il fit peindre l'église en entier telle qu'on la voit aujourd'hui.

C'est aussi à lui qu'on doit l'ornementation présente des deux chapelles latérales, l'arrangement des fonts baptismaux et les orgues qui les surmontent, la marquise en avant du clocher, et, aussi, par suite, la fermeture d'une porte peu large par laquelle jadis sortaient, non sans difficulté, les processions dominicales.

Le dégagement de la place, ses sièges et ses plantations, le presbytère actuel, l'établissement des Sœurs de la Croix dans l'ancien presbytère restauré, celui des Frères des Ecoles chrétiennes dans la maison et le parc de M. de Sambucy-Miers, sont aussi, pour le dire en passant, tout autant d'œuvres dues à son influence ou à sa généreuse administration.

2. — *Sur le Patron titulaire de l'église.*

L'église et la paroisse de Pibrac ont maintenant pour patronne titulaire ou primaire sainte Marie-Madeleine, dont la fête tombe le 22 juillet. Cependant les premiers documents qui mentionnent son titre liturgique, l'appellent l'*église de Saint-Sauveur*. D'autres postérieurs ajoutent à ce titre, il est vrai, celui de sainte Madeleine; mais on ne trouve aucun document qui explique pourquoi ce second titre aurait été joint au premier et surtout pourquoi celui-ci aurait été finalement abandonné.

La chapelle de gauche, du côté de l'Evangile, est invariablement désignée comme chapelle de la Sainte-Vierge.

Celle de droite paraît avoir eu au contraire successivement plusieurs patrons. C'est d'abord, peut-être saint Georges, puis sainte Madeleine, puis saint Joseph, et après la Révolution, quand le rétable venant de la Visitation y fut installé, c'est saint François de Sales, à cause, apparemment, du tableau de ce saint que l'on voyait au centre du rétable. Aujourd'hui, c'est la chapelle de Sainte-Germaine.

Au-dessus de l'autel, le tableau de la sainte peint à Rome par le P. Hyacinthe Besson, des Frères Prêcheurs, a remplacé celui du saint évêque de Genève, et, en face de l'autel, derrière la grille ordinairement tout ouverte, se voient, dans leur châsse dorée, les reliques de la Sainte, richement habillées et enveloppées, à la romaine, dans un bel extérieur de cire.

3. — *Sur les reliques de sainte Germaine.*

Ces saintes reliques, — gloire et trésor de l'église de Pibrac, foyer d'où rayonnent depuis des siècles des grâces admirables de foi, de piété, de toutes les vertus, des lumières et des forces vraiment célestes, des guérisons sans nombre et des miracles étonnants, — ces reliques, comme on l'a déjà vu précédemment, furent d'abord confiées à une tombe creusée dans l'église, à gauche de la chaire, vers le centre de la nef, plus près néanmoins de l'entrée de la chapelle de la Vierge.

Quarante-quatre ans après, retrouvées intactes, pieusement relevées et reconnues publiquement, elles furent laissées dans leur cercueil primitif, et, pendant quelque temps seulement, dressées le long de la muraille, à côté de la chaire, près du banc des seigneurs de Beauregard. Lorsque la dame de ce nom eut été guérie par la Sainte et que, par reconnaissance, elle eut donné une caisse de plomb pour les y enfermer plus décemment, on les ôta de l'église et on les porta dans la sacristie. C'était sans doute en vue de la canonisation, dont une condition préalable exige très rigoureusement qu'avant l'introduction de la cause d'un saint, on ne lui ait jamais rendu extérieurement aucun culte public. La sacristie où les reliques furent honorablement déposées étaient alors à droite du sanctuaire, au midi, sur le sol du cimetière attenant à l'église.

C'est là qu'elles subirent, dix-sept ans après, en 1661, l'examen officiel de l'archidiacre Jean Dufour. Afin de s'assurer que leur conservation parfaite n'était pas un effet de terrain où elles avaient été si longtemps enfermées, il fit rouvrir, dans ce même terrain, la tombe où, depuis dix-sept ans, avait été ensevelie la parente de sainte Germaine, appelée Endoualle. On ne trouva au fond que des ossements décharnés,

disloqués et déjà même en partie dissous par la terre.

Le corps virginal de Germaine resté toujours sans corruption par la seule vertu divine, fut donc laissé dans la sacristie jusqu'en 1700, où le P. Morel, procédant à sa célèbre enquête, le trouva dans le même état de parfaite et miraculeuse conservation.

En 1705, eut lieu une importante visite régulière des Supérieurs Hospitaliers, dans laquelle on déclare qu'enfin l'église et la sacristie sont rebâties à neuf, que la sacristie, en particulier, est reconnue très belle et en très bon état ; puis

Découverte du corps de sainte Germaine.

l'on ajoute ceci : « Nous avons trouvé un petit « mausolée de briques où repose le corps entier « de la dévote Germaine, de Pibrac, qui est « décédée depuis plus de cent vingt ans (1). Elle « est dans une caisse de bois revêtue d'un cou- « vert de plomb qui a été donné par M. de « Cominchay, trésorier général de France (2). « L'entrée du mausolée est fermée par une « grille de fer bien travaillée, garnie de trois « serrures fermant à clef. »

D'autres visites officielles des Supérieurs Hospitaliers faites régulièrement pendant tout ce siècle, jusqu'en 1782, signalent toujours ce mausolée comme conservant les reliques de celle que l'on appelle d'abord la *dévote Germaine*, puis la *Bienheureuse dévote*, enfin tout simplement la *Bienheureuse*.

La profanation de ces saintes reliques fut perpétrée en 1793, sur l'ordre du comité révolutionnaire du district de Toulouse, par l'un de ses membres, fabricant de vases d'étain, le nommé Toulza. On connaît les détails de ce sacrilège attentat. Ils sont attestés, dans le procès de la canonisation, par M. Germain Azéma, fils de ce

(1) Il fallait dire : depuis plus de deux cents ans, puisque la sainte mourut en 1601. On aura confondu la date du décès avec celle où, en 1661, son saint corps fut replacé dans le mausolée de la sacristie, par ordre de l'arthidiacre Jean Dufour.

(2) L'abbé Salvan (*Histoire de sainte Germaine*, p. 125, édition citée) le nomme Mr de Chominian et le dit coseigneur de Colomiers.

« Selon toutes les apparences, ajoute le même auteur, ce fut à cette époque que l'on enleva quelques fragments des reliques et quelques objets qu'on avait trouvés dans le premier cercueil.

quatrième habitant de Pibrac requis par la municipalité locale terrorisée par Toulza, et qui, saisi d'horreur, s'enfuit pour ne pas obéir. Le soin mis par les profanateurs à jeter le saint cadavre dans une fosse à part, creusée exprès dans le sol de la sacristie, et non dans une fosse

ordinaire et commune parmi celles du cimetière, fournit une garantie assurément involontaire mais absolument indiscutable de son identité, lorsque, deux ans après, on put l'en retirer. La Providence voulait montrer par là que pour sa fidèle et pure servante elle réalisait aussi la parole du Prophète : *Dieu garde les ossements des Saints, et pas un ne sera brisé.*

La canonisation de sainte Germaine, à Pibrac.

Replacé, en 1795, dans le mausolée de l'ancienne sacristie, le corps de la Sainte y demeura jusqu'en 1820. Alors, il fut transporté dans la nouvelle sacristie.

Onze ans plus tard, en 1831, l'humidité obligea de le déplacer encore. Oubliant les défenses canoniques dites de non-culte, on le déposa à découvert dans la chapelle qui est au sud, à l'abri de l'humidité. Mais dès qu'on s'aperçut de cet oubli trop grave, on s'empressa de l'enfermer dans l'endroit que depuis lors il occupe, c'est-à-dire dans une large ouverture pratiquée dans le mur qui fait face à l'autel, ce qui permet un accès facile auprès de lui par les chapelles bâties des deux côtés.

Lors d'une des enquêtes qui précédèrent la béatification, il fut extrait de cette sorte de sépulcre, afin d'être soumis à l'examen de deux docteurs médecins de Toulouse. Ils devaient attester d'après la science, sa parfaite identité avec tout ce que la tradition et l'histoire en rapportaient. Cette formalité exactement remplie, le corps fut scellé avec des bandelettes de soie cachetées à la cire, et puis soigneusement voilé pour rester soustrait aux regards tout le temps que dureraient les procédures de sa cause. L'observation rigoureuse de ces prescriptions canoniques fit croire quelque temps à certains esprits faibles ou prévenus que ce précieux trésor avait été dérobé et emporté à Rome. On vit bien le contraire quand, en 1854, il fut montré aux yeux de tous, comme il a été dit, richement habillé, enveloppé à la romaine dans un bel extérieur de cire qui laisse néanmoins voir les saints ossements au coude d'un bras et à la plante d'un pied, enfermé dans une magnifique châsse dorée, exposé dans le sanctuaire, et, enfin, porté en triomphante procession.

Toutefois, par respect pour un usage romain qui a force de foi, il a fallu extraire de ce corps saint quelques moindres ossements pour en

faire présent au Saint-Père, aux Cardinaux et à divers Prélats. Il était juste aussi que l'église de Saint-Sernin, à Toulouse, le plus riche reliquaire de la chrétienté après la ville de Rome, reçût une relique de cette Sainte presque toulousaine et si digne, d'ailleurs, de prendre rang parmi la société des Saints dont ses cryptes se glorifient. Lourdes, enfin, possède aussi dans la chapelle de la Sainte (la première à gauche en entrant dans la basilique), une autre de ses belles reliques, portée et offerte à Notre-Dame comme don et souvenir d'un grand pèlerinage

La châsse des reliques de sainte Germaine,

de la paroisse de Pibrac, ainsi qu'il a été dit plus haut.

Ce que l'on offre quelquefois à titre de reliques de la Sainte n'est souvent qu'une sorte de poussière trouvée au fond de sa bière quand, avant et après l'introduction de la cause, on a dû en retirer son corps pour les motifs indiqués ci-dessus.

Ce serait donc en toute exactitude que l'on pourrait écrire au-dessus de sa châsse : *Hic integrum servatur corpus virgineum sanctæ Germanæ Pibracensis. — Ici se conserve en entier le corps virginal de sainte Germaine de Pibrac.*

4. — *Sur le village et le château.*

A quelle époque et par qui fut bâti le *castrum*, refuge ou fort, perché sur la cime du plateau de Pibrac ? On ne saurait répondre à cette question, faute de documents. Mais, en tout cas, c'est à sa suite et peu à peu, sous ses flancs protecteurs, qu'à l'exemple de tant d'autres pareils, le village a pris son origine.

On a vu ci-dessus les détails historiques relatifs à l'administration religieuse de Pibrac : ils se résument « en une seule époque pendant laquelle les Frères Hospitaliers de Saint-Jean de Jérusalem desservent la paroisse durant une période de près de sept cents ans. »

« L'administration civile de Pibrac se partage en deux périodes : — La première, commençant avec le XIIe siècle, se prolonge jusqu'aux premières années du XVIe. Pendant ce laps de temps, la seigneurie de Pibrac relève directement de celle de l'Isle-Jourdain, et son territoire se trouve alors partagé entre divers petits seigneurs feudataires, dont les derniers, appartenant à la famille Doux, étaient membres du Parlement. — La seconde s'étend du commencement du XVIe siècle jusqu'à nos jours; la seigneurie de Pibrac appartient alors à l'une des grandes familles parlementaires de France, celle des du Faur de Pibrac, qui en possède encore aujourd'hui le château. »

Au XIIe siècle, après les sires de l'Isle-Jourdain, principaux feudataires, on trouve, comme feudataires moindres, les noms suivants portant le titre de sire de Pibrac : Pierre, Pierre-Raymond, un de ses descentants, époux d'Ermengarde, et puis, leurs deux fils, Bernard et Raymond. Vers la fin de ce siècle, en 1197, nous voyons presque tous leurs domaines, y compris le château et son parc, cédés par eux aux d'Orbasson, qui, à leur tour, les cèdent à Bernard de Saint-Bars (ou Saint-Ybars) et à ses cinq enfants. A côté de ces seigneurs et de ceux de l'Isle-Jourdain, on trouve, cinquante ans après, un sire d'Escalqueux (ou d'Escalquenx) et même un conseil de prud'hommes, créé, sans doute, sous l'impulsion donnée par les Rois de France à l'affranchissement des communes.

La prépotence des sires de l'Isle-Jourdain les poussait à agrandir leur influence. C'est ainsi que l'un d'eux, vers 1258, détermine le comte de Comminges à lui abandonner le château de Pibrac, que celui-ci possédait alors, ainsi que les droits de justice qui en dépendaient; et, moyennant cet abandon, le seigneur de l'Isle-Jourdain lui donne en échange la terre de Lamasquère, située dans le comté de Comminges, ainsi que tous les droits qui y sont attachés. En 1286, on voit encore un de ces mêmes seigneurs acheter, à Bertrand d'Escalquenx, tous les droits d'*oblies* ou d'*oublies* que celui-ci possédait dans la paroisse (1). Le même, ayant donné deux ans après à ses sujets d'Aux ou de Daux, non loin de Pibrac, des droits et des privilèges, il voulut qu'une partie en fût aussi appliquée à ceux de Pibrac.

Mais en 1323, Jourdain de l'Isle-Jourdain, neveu par alliance du pape Jean XXII, fit perdre à sa famille la seigneurie de Pibrac : « C'était « un haut et puissant seigneur auquel de roi « (de France) (2) avait déjà pardonné, quoiqu'il « fût accusé de dix-huit crimes capitaux. Cet « homme, dit la chronique, avait entassé crimes « sur crimes, outrageant les jeunes filles et les « religieuses, pillant monastères et voyageurs, « soudoyant larrons, ribauds et meurtriers, et « soutenant tous les brigands. Il assomma « même, avec sa masse d'armes, le sergent du « roi qui le citait à comparaître au Parlement, « et osa ensuite se présenter devant cette as-

(1) Les droits de ce nom se prélevaient sur tout ce que l'on offrait à l'église.

(2) De 1316 à 1322, le roi de France était Philippe V, dit *le Long;* après lui, de 1322 à 1328, ce fut Charles IV, dit *le Bel.*

« semblée avec une escorte de hauts et puis-
« sants seigneurs d'Aquitaine. Mais, malgré sa
« parenté avec le Saint-Père et la présence de sa
« noble escorte, le Parlement fit un exemple. Il
« fut condamné à mort, traîné à la queue des
« chevaux et pendu au commun patibulaire (1). »

« Après sa mort, ses biens furent confisqués au profit du roi. Telle fut l'origine des droits féodaux que le roi eut pendant longtemps dans la terre de Pibrac. » Ils s'élevaient aux sept douzièmes de la baillie de Pibrac.

Près de cent ans après, vers 1412, un des anciens coseigneurs de Pibrac, le sire de Saint-Bars (ou de Saint-Ybars), se désistait de ses droits de justice, lesquels demeuraient ainsi concentrés entre les mains du Roi et des familles d'Escalquenx et Doux.

Vers 1515, un siècle plus tard, le mariage de Causide Douce, fille de Jean Doux, président au Parlement de Toulouse, avec Pierre du Faur, amena les du Faur à Pibrac. Peu à peu ils en devinrent les seuls seigneurs.

Le château, dont il est fait mention déjà en 1197, n'était guère jusqu'alors probablement qu'un simple castel au flanc du côteau, au milieu d'un jardin d'agrément, à quelques pas du fort dont il n'était qu'une dépendance. Mais, après la mort de Jean Doux, sa fille et son gendre le firent agrandir et reconstruire (1540) tel qu'une intelligente et artistique restauration le rétablit aujourd'hui.

(1) Voir « *Pibrac* », par M. le comte A. du Faur de Pibrac.

Pierre du Faur, désormais seigneur de Pibrac, s'installe et séjourne dans cette demeure autant que ses fonctions de président au Parlement de Toulouse peuvent le lui permettre, et lorsqu'il meurt, en 1557, ce ne sont pas ses deux fils aînés, entrés dans les ordres, qui prennent possession de ce château, mais Guy, le troisième de ses fils, l'auteur célèbre des *Quatrains*.

Succédant à son père dans les charges parlementaires, il séjourne comme lui à Pibrac tout le temps qu'elles le laissent libre. C'est là, vers 1573, que se détournant des scènes sanglantes causées par les troubles des protestants, il compose une partie de ses *Quatrains* et son poème sur *les Plaisirs de la vie rustique*. C'est là aussi qu'il reçoit avec pompe, en 1577, comme il a été dit plus haut, la reine de France Catherine de Médicis, accompagnée de toute sa cour. Trois ans après, 1581, il y est visité par le célèbre jurisconsulte et historien de Thou et par son collègue Pithou. Ils goûtent trois jours sa splendide hospitalité et admirent la magnificence de son mobilier. Rentré à Paris en compagnie de ses deux amis (mai 1581), il y rendait chrétiennement le dernier soupir, à l'âge de cinquante-six ans, le 26 mai 1584.

M. le comte A. du Faur de Pibrac, dans son précieux travail sur Pibrac, n'a pu découvrir à quelle époque exacte, et dans quelle circonstance le *portail* appelé *d'Henri IV* aurait été construit. Il trouve seulement qu'il en est fait mention, pour la première fois, dans un inventaire de 1676, où l'on déclare que ce portail, comme du reste beaucoup de parties du château, avait besoin de réparations. Est-ce qu'un tel besoin n'oblige pas de supposer que ce monument devait déjà dater d'un certain nombre d'années ?

Mais pourquoi porte-t-il le nom d'Henri IV ? Serait-ce parce que ce prince, roi de Navarre d'abord et de France plus tard, aurait jamais passé par là, ou simplement y aurait été attendu ? Serait-ce seulement pour faire honneur à Marguerite de Valois, son épouse, à laquelle Guy du Faur, son chancelier, était, comme on le sait, bien plus que dévoué ? En l'absence de tout documents certains, ces conjectures sont permises pour expliquer une appellation traditionnelle et populaire.

Après que Guy du Faur eut jeté sur Pibrac un éclat si brillant, son fils Michel, époux de Claude d'Etampes, qui fut maître de camp de cavalerie, et un puissant seigneur, échangea avec Henri IV, vers 1600, toutes ses terres de l'Armagnac contre toutes celles que ce prince possédait à Aux (ou Daux) et à Mondonville, ce qui, en étendant considérablement ses domaines, lui donna droit de prendre, dans la forêt de Bouconne, tout le bois nécessaire pour chauffer le four banal de Pibrac, bois fixé, par arrêt, à 16,000 fagots.

A la même époque, Jeanne de Custos, veuve du chancelier Guy du Faur de Pibrac, fit établir un inventaire des possessions de la seigneurie et du château de Pibrac. On y signale, entr'autres détails, que le petit bois de la Barthe entouré de murs, renferme, outre un jardin et un vivier, un petit castel entouré de fossés.

Ce fut un second Guy du Faur, l'aîné de la famille, qui, à la mort de Claude d'Etampes, sa mère, veuve de Michel le maître de camp, hérita du château et de la seigneurie de Pibrac, 1641.

Quand il mourut, en 1676, il voulut se faire inhumer à Pibrac, dans le caveau de la famille établi dans le sanctuaire. Mais son père et lui avaient déjà lourdement obéré leurs grands domaines et même négligé le soin de leur château. Deux ans plus tard, 1678, l'héritier et le maître d'alors, Michel (IIe du nom) du Faur de Pibrac, allait plus loin encore : il louait toutes ses terres ainsi que le château, et ne s'y réservait que deux chambres pour y garder ses meubles. Il affectionnait cependant sa seigneurie, car il demanda, par testament d'être enseveli dans le caveau de famille de l'église de Pibrac, 1704.

Son fils, Jérôme, époux de Marie-Anne d'Azémar, fit baptiser à Pibrac, en 1723, par l'évêque de Mirepoix, en visite au château, son fils Jérôme-François, qui fut le dernier rejeton de la branche aînée des du Faur de Pibrac.

A la mort du comte Jérôme son père, arrivée en 1743, le chevalier Louis du Faur, oncle de Daniel du Faur de Cormont, et qui habitait alors la ville de Gien, se fit reconnaître par Jérôme-François comme parent et chef de la branche cadette des du Faur, laquelle habitait l'Orléanais, tandis que la branche aînée était restée dans la ville de Toulouse.

Le comte Jérôme-François ne se maria pas,

et il négligea beaucoup le soin de ses biens et de son château. A sa mort, en 1784, ses trois sœurs survivantes, restées demoiselles, furent ses héritières. La dernière étant morte en 1794, en pleine Révolution, Daniel du Faur de Cormont, constitué l'héritier légitime de toute la seigneurie, ne put que fort longtemps après entrer en possession des biens qui en restaient.

Le château ne fut ni brûlé ni démoli, contrairement au sort de tant d'autres ; il eut seulement sa toiture enlevée, les flèches de ses tours abattues, ses tours abaissées, ses armoiries grattées et quelques murs dégradés. Quant aux terres qui en dépendaient, une part considérable en fut aliénée.

Les nouveaux comtes de Pibrac ne parurent, après la Révolution, que rarement dans le village. Mais, à l'époque de la béatification de la Sainte, le comte A. du Faur de Pibrac, est venu y séjourner, d'abord pour quelque temps seulement, puis, à chacun de ses retours un peu plus longuement encore, jusqu'à ce que, s'affectionnant de plus en plus à cet antique domaine, il s'est enfin décidé à commencer la restauration de sa demeure seigneuriale. Il avait fait aussi rétablir dans l'église les plaques de marbre portant les noms de ceux de ses aïeux ensevelis dans le sanctuaire. Cédant à son amour pour le village et à ses goûts studieux, il écrivit, en 1882, l'histoire de Pibrac, œuvre d'érudition sérieuse et de patientes recherches. Enfin, il ordonna que ses dépouilles mortelles fussent apportées à Pibrac et inhumées dans le nouveau cimetière paroissial, au milieu de ce peuple qui avait admiré sa haute distinction, sa noble simplicité, sa vie si digne et si chrétienne. Aussi, à ses obsèques solennelles, la paroisse accourut tout entière, oubliant ce qui divise et ne songeant qu'à montrer à tous les siens en quelle haute estime et en quel amour vrai était tenu de tous sans exception, ce noble chef d'une noble famille.

M. le comte R. du Faur de Pibrac et Madame la comtesse sa mère, quittent l'Orléanais pour venir habiter à Pibrac une bonne partie de l'année, et peu à peu le château, le parc, le portail d'Henri IV, restaurés avec art, reprennent le grand aspect qu'ils durent avoir, l'année de la naissance de sainte Germaine, en 1579, quand la Reine de France vint y faire visite au châtelain d'alors, Guy du Faur de Pibrac.

5. — *Sur les seigneurs du nom de Pibrac.*

On a déjà pu voir que le titre de seigneur de Pibrac a été légitimement porté par un grand nombre de familles possédant sur son territoire des fiefs plus ou moins importants et plus ou moins durables. Ce sont : « en première ligne, les seigneurs de l'Isle-Jourdain, puis les seigneurs d'Orbasson et de Saint-Bars (ou de Saint-Ybars), puis, parmi les moins notables, nous comptons Pierre de Pibrac et ses descendants que l'on retrouve encore au milieu du XIIIe siècle ;

viennent ensuite Raymond de Magloire (1231), Pierre Wuilnegrand de Pibrac (1242), Pierre de Malsamont (1254), Guy de la Tour (1251), Guy de Las Cours (1261), et Montarsin (1270), sans parler de la famille Doux, qui commence à paraître dans le pays à cette époque et s'y maintient jusqu'au XVIe siècle. » Elle donne alors entrée dans la seigneurie aux du Faur, dont la branche aînée la conserve jusqu'à la Révolution, et qui en jouit à cette heure par la branche cadette, son héritière.

Après ce résumé sommaire, le lecteur trouvera dans les lignes suivantes, quelques détails moins abrégés sur les principaux personnages titrés du nom de Pibrac.

Pierre de Pibrac et son fils Pierre-Raymond étant morts, la veuve de celui-ci, Ermengarde, vend sa terre et son titre de Pibrac à Pierre d'Orbasson, qui en fait don, ainsi que du château, à Bernard de Saint-Bars (ou de Saint-Ybars) et à ses cinq fils, 1197.

Vers 1203, on trouve déjà les sires de l'Isle-Jourdain comme grands feudataires et grands seigneurs de Pibrac.

Les Frères Hospitaliers qui desservent l'église et l'hôpital, prennent eux aussi le titre de Frères de Saint-Jean de Pibrac, 1242.

Des membres de la famille des d'Escalqueux (ou d'Escalquenx) apparaissent, vers 1319, avec le titre de coseigneurs de Pibrac.

Après la condamnation et l'exécution de Jourdain de l'Isle-Jourdain, en 1323, c'est le roi de France (Charles IV, le Bel) qui, par la confiscation légale, devient le principal seigneur de Pibrac, en compagnie des d'Escalqueux (ou d'Escalquenx), des Saint-Ybars et des Doux.

Quant aux du Faur, plus tard seigneurs uniques, on en trouve un, en 1319, Bernard du Faur, comme témoin d'un acte relatif à Pibrac. On le retrouve encore avec un autre de son nom, Jacques du Faur, en 1325.

Cent ans après, les du Faur sont dans les grands honneurs.

Gratien du Faur, chancelier du comté d'Armagnac, au temps de Louis II d'Armagnac, est créé président au Parlement de Toulouse.

Gratien eut deux enfants : Pierre et Arnaud. Pierre fut évêque de Lectoure et président aux enquêtes du Parlement du Languedoc ; Arnaud, procureur général au même Parlement. Il laissa trois enfants : Pierre, Michel et Jacques. Ce dernier fut abbé de la Chaise-Dieu. Michel, président du Parlement de Toulouse, laissa des descendants qui ont formé la branche des du Faur de Saint-Jory et celle des de Courcelles.

Pierre, l'aîné des enfants d'Arnaud, fut président au Parlement de Toulouse. Marié à Causide Doux, fille de Jean Doux, il en eut cinq enfants : Pierre, du même nom que son père et qui fut évêque de Lavaur ; Louis, juge-mage de Toulouse et chancelier de Navarre, sous Henri IV (on l'appelait aussi M. de Gratens); Arnaud, gouverneur de Montpellier ; Guy du Faur, le plus illustre de tous, et Charles, président au Parlement de Toulouse.

Guy naquit à Toulouse en 1529. Il eut pour

maîtres Pierre Bunel pour les lettres, Cujas et Alciat pour le droit. Nommé à vingt-neuf ans juge-mage à Toulouse, il perdit son père et épousa Jeanne de Custos, dame de Tarabel. En 1560, il fut député par la sénéchaussée de Toulouse aux Etats-Généraux que Catherine de Médicis avait convoqués à Orléans, au nom de Charles IX, son fils. Ce prince, l'année suivante, nomma M. de Pibrac son ambassadeur pour le représenter au concile de Trente. Il y prononça, le 26 mai 1562, un discours latin d'une extrême hardiesse. Ramené par ses affaires à Toulouse et à Pibrac, il fut nommé avocat général au Parlement de Paris, en 1565, et conseiller d'Etat, en 1570.

Trois ans après, il accompagna à Varsovie le duc d'Anjou, élu roi de Pologne. Le trône de France étant devenu subitement vacant par la mort de Charles IX, son frère, il hâta le départ du nouveau roi de France et le ramena à Paris, malgré toutes les difficultés. Mais ce fut sans succès que, dans un second voyage à Varsovie, il tâcha de lui conserver quand même la couronne de Pologne.

C'est alors que, retiré à Pibrac, il composa son poème inachevé sur les *Plaisirs de la Vie rustique* et surtout ses célèbres *Quatrains moraux*, dont les cinquante premiers parurent en 1574.

En 1577, Henri III, reconnaissant de ses bons et loyaux services, le nommait président à mortier au Parlement de Paris. L'année suivante, Marguerite de Valois, reine de Navarre, et le duc d'Alençon le prenaient pour leur chancelier.

Il était de nouveau à Pibrac, en 1579, l'année même de la naissance de sainte Germaine, et il y déployait un grand luxe pour recevoir dignement la reine et sa cour. Il y était encore en 1581 pour ses deux amis en visite, de Thou et Pithou.

Rappelé à Paris par ses hautes fonctions, il fit avec eux le voyage de la capitale, et trois ans après, âgé seulement de cinquante-six ans, il y rendait chrétiennement le dernier soupir. Son corps fut enterré chez les Grands Augustins de Paris. La plupart de ses parents décédés à Toulouse se faisaient inhumer chez les mêmes religieux dans la superbe église qui depuis est devenue le musée de la ville.

Les ouvrages en prose ou en vers de Guy du Faur de Pibrac sont les suivants : 1° son *Discours latin* au concile de Trente, traduit en français par Choquart, 1562, in-8° ; — 2° *Ornatissimi cujusdam viri de rebus gallicis... epistola*, 1573, in-4°, apologie, commandée par la cour, de la Saint-Barthélemy ; — 3° les *Plaisirs de la Vie rustique*, poème en vers français, laissé inachevé par suite du chagrin, comme il l'avoue aux derniers vers, où le plonge la mort d'un de ses fils ; — 4° *Quatrains*, cent vingt stances morales, pleines de gravité et de belle simplicité C'est son ouvrage le plus célèbre, qui a, longtemps et à bon droit, joui d'une popularité telle qu'il a été traduit en presque toutes les langues de l'Europe, et de plus, en latin, en grec, en turc, en arabe et en persan. — 5° Quelques éditions de ses poésies donnent encore *Cinq sonnets du sieur de Pibrac.*

Après la mort de ce grand homme, son fils et son héritier, Michel du Faur de Pibrac et de Custos, entra dans la carrière militaire, épousa Claude d'Etampes, devint maître de camp de cavalerie des armées du roi et mourut à Toulouse, en 1634.

Il eut pour héritier son fils aîné, Guy (second du nom) du Faur, seigneur et baron de Pibrac, Tarabel et autres places. Celui-ci avait trois frères, François, Jacques et Michel, dont l'un, Jacques, avait comme lui embrassé la carrière des armes. Guy servit longtemps son pays avec le grade de maréchal de camp des armées du roi. Enfin, il fut envoyé en ambassade à Naples et à Rome. Décédé à Pibrac, il y fut enterré dans le caveau du sanctuaire, caveau où reposaient déjà d'autres membres de sa famille. Sa dame s'appelait Anne de Plaignes.

Son héritier paraît avoir été Michel (deuxième de ce nom) du Faur de Pibrac, qui mourut le 31 mai 1704, et voulut être enseveli dans l'église de Pibrac. Sa dame, Eléonore de Saulx-Tavanes, ne lui survécut que quatre ans et fut assistée à sa mort par Jérôme du Faur de Pibrac, abbé de Saint-Benoît-sur-Loire, son beau-frère. Elle fut enterrée aussi à Pibrac, à côté de son mari (1708).

Leur fils aîné, Jérôme, hérita des terres et des titres de Pibrac. Au moment de la naissance de l'aîné de ses fils, l'évêque de Mirepoix, qui lui faisait visite à Pibrac, baptisa le nouveau-né et lui donna le nom de Jérôme-François. A sa mort, il laissait, outre Jérôme-François, quatre filles :

Jeanne, Gabrielle, Anne et Thérèse. Jeanne, mariée à M. de la Bastide, ne vécut pas longtemps, car on l'enterrait en 1743, à Pibrac, suivant ses désirs. Son père, mort peu de temps avant, avait voulu être inhumé dans le caveau de famille des Grands Augustins de Toulouse.

Jérôme-François du Faur, comte de Pibrac, l'héritier vivant, refusait de se marier. Ses trois sœurs survivantes refusaient comme lui. La branche aînée des du Faur de Pibrac allait donc bientôt s'éteindre. Le chef de la branche cadette, fixée dans l'Orléanais, le chevalier Louis du Faur de Pibrac, oncle de Daniel du Faur de Cormont, qui habitait alors Gien, renoua ses relations avec ses parents de Toulouse, fit reconnaître par eux ses titres et ses droits, et après la mort de Jérôme-François et de Thérèse en 1784, Anne, qui mourut en 1788, et puis Gabrielle, en 1794, instituèrent Daniel du Faur de Cormont héritier universel, à la condition expresse de prendre le titre de comte de Pibrac. Quant à la fortune de Gabrielle et aux biens de la seigneurie, on peut imaginer ce qu'ils devinrent pendant la Révolution.

On voit ainsi d'après quels titres ce sont les du Faur de la branche cadette qui portent aujourd'hui ce beau nom de Pibrac, grandement illustré sans nul doute par leurs nobles aïeux, mais beaucoup plus encore par la sainte Bergère née sur leurs vieux domaines.

NEUVAINE

EN L'HONNEUR DE

SAINTE GERMAINE COUSIN

MÉDITATIONS OU LECTURES

SUR LA

COLLECTE ou principale **ORAISON LITURGIQUE** de sa Fête

COLLECTE OU PRINCIPALE ORAISON LITURGIQUE

De la Fête de sainte Germaine Cousin

Oremus. — Deus, humilium celsitudo, qui Beatam Germanam, Virginem tuam, charitatis et patientiæ decore excellere disposuisti : ejus meritis et intercessione concede, ut, crucem jugiter ferentes, Te semper diligere valeamus. Per J. C. D. N.

Prions. — O Dieu, grandeur des humbles, qui avez voulu faire briller sainte Germaine, votre Vierge, de l'éclat des vertus de charité et de patience, faites, par ses mérites et son intercession, que portant constamment la croix, nous puissions Vous aimer toujours. Par J.-C. N.-S.

Cette Oraison a été enrichie de 300 jours d'indulgence, par Léon XIII, en faveur des Associés de la Confrérie de Sainte-Germaine (28 août 1893).

PREMIER JOUR

L'humilité de sainte Germaine

Deus, humilium *celsitudo.*
O Dieu, grandeur des *humbles.*

I. — L'orgueil est la racine de tous les vices, et l'humilité, le fondement de toutes les vertus.

Aussi, dans la prière liturgique que nous méditons, l'Eglise, qui a voulu énumérer là les principales vertus de sainte Germaine, donne la première place à l'humilité.

Dieu destinait Germaine, d'après la même prière, à briller d'un grand éclat par la charité et par la patience. Il la prépara à cette gloire en lui ménageant une parenté et un genre de vie humbles et en la soumettant à l'humiliation.

Les parents de Germaine, modestes paysans, vivant du travail des champs, ne possédaient aucun des titres qui flattent l'orgueil du monde.

Privée des moyens de s'instruire, Germaine dut rester illettrée et ne sut jamais ni lire, ni écrire. Son unique et vulgaire travail consista toute sa vie à garder des brebis et à filer la quenouille.

II. — A ces motifs d'humilité Dieu ajouta ceux de l'humiliation.

Maladive, percluse, scrofuleuse, n'était-elle pas déjà par cela seul, humiliée aux yeux du monde? Mais combien l'était-elle davantage par les durs traitements que tous autour d'elle lui faisaient subir?

Sa marâtre, jalouse et méchante, la méprisait et l'outrageait. Son père, faible et indolent, ne la défendant pas, semblait approuver la marâtre. Ses frères et ses sœurs imitaient envers elle l'exemple de leurs parents. Les voisins et les villageois se moquaient de sa piété et la surnommaient « la bigote ».

Afin de recueillir de ces humiliations leur riche fruit d'humilité, elle disait en son cœur : « Eh! ne sais-tu pas que toute créature n'est que néant devant son Créateur? que tout chrétien qui veut sauver son âme doit se rendre semblable à Jésus humilié, à l'humble Vierge sa Mère, à tant de Saints du Ciel, qui ne se fussent jamais élevés dans la gloire s'ils ne s'étaient abaissés par l'humilité? Garde-toi d'oublier que c'est l'orgueil qui a perdu les Anges; que tous, enfants d'Adam et pécheurs d'origine, nous naissons orgueilleux. Il est donc digne et juste de se faire humble devant le Seigneur. Rien, d'ailleurs, n'est plus sage; car il résiste aux superbes et les humilie, mais il s'incline vers les petits et leur donne sa grâce. »

Pénétrée de ces pensées, Germaine se gardait bien de fuir les humiliations, de s'en plaindre ou de s'en irriter. Elle s'en réjouissait au contraire, et en bénissait Dieu.

Lorsqu'en effet, vers la fin de sa vie, le Seigneur daigna la glorifier par l'éclatant miracle des fleurs, et que, par suite, l'estime et la vénération eurent remplacé envers elle les précédents mépris, tremblante pour sa chère humilité, elle mit tous ses efforts à écarter ces égards dangereux. Se cachant de plus en plus, le jour dans les vallons et les bois, le soir sous l'escalier dans son obscur réduit, elle demanda et obtint bientôt du Seigneur la grâce de mourir solitaire, et aussi, sans doute, de rester après sa mort longuement oubliée au fond de son tombeau.

III. — Mais la plus juste mesure de l'humilité de sainte Germaine, c'est, manifestement, celle de la gloire dont Dieu l'a couronnée. Combien elle a dû être étendue et profonde l'humilité de la pauvre bergère, que Dieu « a placée parmi les princes, parmi les princes de son peuple », comme chante le Roi-Prophète !

Prière.

Et nous, sainte Germaine, remplis d'orgueil, d'estime de nous-mêmes, de sotte vanité, nous nous glorifions de dons et de grâces souvent imaginaires. Que si, parfois, ces dons sont véritables, comme la naissance, la condition, la santé, l'intelligence, etc., nous oublions alors qu'ils ne sont pas en nous l'effet de nos efforts, de nos mérites personnels. Quand nous en sommes privés, nous rougissons de notre sort et nous en murmurons. Soumis, enfin, à l'humiliation, bien loin d'en profiter et d'y voir comme vous la main de Dieu qui nous sanctifie, nous cherchons à nous y soustraire. Nos paroles, nos manières, toute notre conduite ne respirent que complaisance en nous-mêmes, suffisance ou fierté !

Oh ! combien votre secours, humble Germaine, nous est nécessaire ! Nous vous le demandons ! Daignez nous obtenir de nous connaître mieux, de nous estimer moins et d'imiter ainsi votre parfaite humilité. Ainsi soit-il !

Pratiques. — Prendre la résolution de faire dans la journée quelques actes d'humilité.

Prières. — Réciter, à son choix, selon sa dévotion, l' « Oraison liturgique », le « Petit chapelet de sainte Germaine », les grandes ou les petites Litanies, ou quelqu'une des Prières en son honneur que l'on trouve plus loin, pp. 195-200.

SECOND JOUR

La virginité de sainte Germaine.

Qui Beatam Germanam Virginem tuam... *excellere disposuisti.*

Qui avez voulu faire briller sainte Germaine *votre Vierge.*

I. — La belle vertu de virginité, telle qu'elle est ici considérée, n'est pas la simple exemption des liens du mariage ; elle est surtout l'innocence parfaite, l'angélique pureté.

Sainte Germaine brilla du doux éclat de cette virginité.

A l'heure de sa mort, Jésus, l'Epoux céleste envoya sous l'escalier mortuaire, une troupe de Vierges, qui, couronnant leur sainte sœur, l'introduisirent en triomphe dans leurs blanches phalanges.

Son corps tout embaumé de sainte pureté, enfoui sous la terre pendant quarante-trois ans, en sortit préservé de toute corruption.

En la canonisant, l'Eglise ne l'a nommée que « la Vierge Germaine », et c'est sous ce beau titre qu'elle l'invoque dans la prière liturgique.

Au témoignage unanime des procès canoniques, elle est morte emportant au ciel son innocence baptismale.

II. — Mais si Germaine est au nombre des « Vierges sages » louées par le Seigneur, c'est que, fidèle aux divins conseils, elle veilla, elle jeûna et elle pria.

Pour la vierge sage, veiller c'est être prudente. La prudence, qui sait se défier, garantit la pureté ; l'imprudence, la témérité amènent sa ruine certaine. Aussi peut-on la voir, la prudente Germaine, fuir les compagnies dangereuses, s'attacher à celles des enfants simples et innocents, s'empresser et voler vers celle de Jésus au divin Tabernacle !

Jeûner, c'est dominer ses sens, son imagination, son cœur, toute sa vie sensible. Germaine jeûna rigoureusement de la sorte, n'accordant à ses sens que le strict nécessaire, allant même parfois jusqu'à les en priver, et les retenant avec vigueur dans la parfaite modestie : — modestie extérieure des habits, des regards, de la tenue, de la démarche ; — modestie intérieure de l'imagination, de la mémoire, des sentiments, du cœur et de l'idée même.

Prier, c'est demander à Dieu et obtenir, enfin, cette grâce de choix, sans laquelle, dit le Sage, nul mortel ici-bas ne peut garder la continence. Aussi priait-elle toujours, partout, de toutes les manières, la vierge Germaine, pour être préservée de la tentation et délivrée du mal.

III. — Veiller, jeûner, prier, ces précautions nécessaires ne sont pourtant pas suffisantes à la vierge parfaite. Pour les rendre efficaces, il faut y ajouter la protection spéciale de Marie et surtout la fréquentation des sacrements. Qui n'a pas admiré, aussi, la filiale dévotion de Germaine envers la Vierge immaculée ? Qui ne connaît, de même, son ardeur courageuse à approcher souvent de la Pénitence et de l'Eucharistie ? En vérité, les agneaux de Germaine étaient moins purs que l'âme virginale de cette enfant de Marie, et son troupeau, dormant autour de sa houlette, était moins protégé que la sainte bergère sous la garde du Bon Pasteur.

Prière

Sainte Germaine, vierge très innocente, modèle et gardienne de l'angélique pureté, priez pour nous, défendez-nous !

Défendez-nous contre nous-mêmes, contre nos imprudences, nos curiosités et nos légèretés. Défendez-nous contre la fragilité et la perversité de nos sens, contre nos passions et contre notre cœur ! Défendez-nous contre les tentations et les occasions périlleuses, contre les séductions et les dangers du monde. Défendez-nous, enfin, contre les suggestions, les tromperies et les attaques de l'esprit du mal.

Sainte Germaine, ô vierge sage, obtenez-nous l'esprit de prudence, de mortification et de prière. Inspirez-nous surtout votre amour des sacrements et votre dévotion à Marie, garanties nécessaires de l'innocence et de la pureté. Ainsi soit-il.

PRATIQUE. — Renouveler ses résolutions de vigilance sur soi-même.

PRIÈRES. — *Comme le premier jour.*

TROISIÈME JOUR

La charité de sainte Germaine.

Qui... charitatis *decore excellere disposuisti.*

Qui avez voulu la faire briller de tout l'éclat de la *charité.*

I. — Aimer son prochain comme soi-même pour l'amour de Dieu et à l'exemple de Jésus-Christ, c'est le précepte particulier du divin Maître, le signe distinctif de ses disciples, et, d'après son propre témoignage, l'unique motif d'après lequel, au dernier jugement, il prononcera sur nous l'éternelle sentence. Quand cet amour arrive à la perfection, il éteint dans les cœurs toute haine, toute rancune, tout désir de vengeance, et il pousse le pardon et l'oubli des offenses jusqu'à faire rendre le bien pour le mal.

Sainte Germaine, affirme l'Eglise, a excellé dans la vertu de charité. Or, selon le grand Apôtre, « la charité est patiente, bienveillante, sans irritation, ennemie des pensées malignes ; elle supporte tout, elle accepte tout, et ne défaille jamais. »

Telle fut, à la lettre, la charité de notre sainte à l'égard de tous : de sa marâtre, sa dure persécutrice ; de son père, qui l'abandonnait ; de ses frères, de ses sœurs, de tous ses railleurs et de tous ses insulteurs de la campagne et du village.

Pour le mal qu'on lui faisait, bien loin de se venger, elle ne cherchait, au contraire, qu'à rendre le plus de bien possible. Nullement insensible aux durs traitements qu'on lui faisait subir, non seulement elle les pardonnait, mais elle offrait à Dieu pour leurs auteurs ses prières et ses souffrances. On lui reprochait ses saints exemples, elle s'obstinait à les donner à tous comme une aumône nécessaire. Simple bergère, sans charge d'âmes, mue seulement par son zèle pour l'âme négligée des petits enfants, elle les attirait près d'elle, et souriant tendrement à ces agneaux de Jésus-Christ, elle les formait à la science et à la vie chrétiennes. Animée du même zèle et bravant les injures, elle abordait parfois certaines de ses compagnes, pour les avertir de leurs défauts et les préserver du danger.

A la vue des mendiants, sa charité devenait héroïque. Touchée de compassion, elle n'hésitait pas à leur abandonner son pain quotidien, se condamnant par là à un jeûne absolu et aux violents reproches de sa marâtre avare et soupçonneuse.

Très souvent répétées, ces aumônes admirables reçurent, vers la fin de sa vie, l'approbation solennelle de Dieu. Le gracieux miracle des fleurs glorifiait, en effet, la charité de la pauvre bergère comme il avait glorifié, plus de trois siècles auparavant, la charité d'une Reine, sainte Elisabeth de Hongrie et celle d'un grand Docteur de l'Eglise, saint Thomas d'Aquin.

II. — Entrée dans le royaume de la pure charité, Dieu lui a accordé la puissance des miracles ; mais ces miracles continuent à révéler le bon cœur de Germaine !

Que de petits enfants accourus auprès d'elle, n'a-t-elle point, d'abord, guéris, et amenés, ensuite, à la connaissance et à l'amour de la vertu !

Que de jeunes chrétiennes, venues la visiter, n'a-t-elle pas de même averties, conseillées, préservées !

Que d'âmes éloignées de Dieu, privées depuis longtemps du pain eucharistique, n'a-t-elle pas attirées à son tombeau et de là à la sainte Table !

Que de consolations, que de lumières, que d'inappréciables aumônes n'a-t-elle pas répandues et ne continue-t-elle pas à répandre !

Comme autrefois sur la terre, elle a, du haut du ciel, daigné pardonner le mal commis contre elle. Elle a converti et guéri les misérables qui, durant la Révolution, profanèrent ses reliques. Oh ! qu'elle prenne en pareille pitié les impies qui, à Toulouse, en 1881, ont renversé sa statue !

Prière.

Merveille de charité, généreuse Germaine, ôtez de nos esprits toute pensée, tout jugement contraires à cette vertu ; de nos cœurs toute aversion, toute rancune et toute haine ; de nos lèvres toute parole ou railleuse ou méchante ; et de notre conduite toute action désobligeante ou nuisible au prochain.

Donnez-nous, charitable Germaine, le zèle de l'aumône et le courage de la faire, non seulement de notre superflu, mais encore, à votre exemple, de notre nécessaire.

Du haut du trône où Dieu vous fait jouir d'une immense puissance, redoublez de charité envers tous ceux qui vous invoquent ou de près ou de loin !

Daignez, enfin, vous souvenir des besoins si pressants de la France, notre patrie, du Pape, notre père très saint, et de l'Eglise catholique, la mère de nos âmes ! Ainsi soit-il.

Pratique. — Pratiquer dans la journée quelques actes de charité.

Prières. — *Comme le premier jour.*

QUATRIÈME JOUR

La patience de Sainte Germaine

> *Qui... patientiæ decore excellere disposuisti.*
>
> Qui avez voulu la faire briller de tout l'éclat de la *patience.*

I. — La souffrance est le sort inévitable de toute vie mortelle. La patience, qui est le courage de la bien supporter, est donc une vertu très nécessaire.

Sainte Germaine a excellé dans la vertu de charité. Elle ne s'est pas moins distinguée, c'est encore l'Eglise qui lui rend ce témoignage, dans la vertu de patience.

On se rendra plus exactement compte de la grandeur de cette patience, si l'on se souvient qu'elle est proportionnée, d'une part, à la grandeur des souffrances éprouvées, et, de l'autre, à la délicatesse de la personne qui doit les supporter.

Or, le Seigneur, qui prédestinait Germaine à une patience éclatante, lui donna, d'abord, une nature très délicate ; il la soumit, ensuite, à de terribles souffrances.

Faible et maladive, Germaine était, par là même, d'un tempérament délicat. La tendresse compatissante de son cœur et plus encore sa sainteté, formée, surtout en elle, d'innocence et de charité, sont les indices de cette délicatesse de tempérament.

Faite ainsi pour souffrir, Germaine dut endurer tous les genres de souffrances, celles du corps, celles du cœur et celles de l'âme.

Souffrances du corps. Maladive, percluse, atteinte d'écrouelles ; encore tout enfant, privée des soins maternels et paternels ; dans son adolescence et tout le reste de sa vie, mal vêtue, mal nourrie, et néanmoins condamnée aux travaux les plus durs, sans relâche et sans soulagement ; tel est le résumé de ses souffrances corporelles.

Souffrances du cœur et de l'âme. Orpheline ; délaissée par son père ; rebutée, détestée, persécutée, insultée par celle qui aurait dû remplacer sa mère ; maltraitée par ses frères et par ses sœurs ; méprisée et raillée par les autres, Germaine souffrait plus vivement encore dans son cœur charitable, lorsque, rencontrant des pauvres, elle se voyait réduite à ne pouvoir leur donner que son pain ; lorsque, priant pour les pécheurs, elle se sentait impuissante à prévenir ou à réparer leurs péchés ; lorsque, enfin, apprenant les malheurs causés par l'hérésie alors triomphante, elle n'avait, pour les empêcher ou pour les atténuer, que ses larmes, ses prières et ses expiations.

Mais les souffrances intimes de son âme sainte, qui a pu les connaître ? Dieu seul pourrait nous dire combien Germaine souffrait de ces fautes légères qui échappent aux justes et qu'ils déplorent tant, combien elle souffrait de son exil sur la terre. Et l'amour de Jésus et de Marie, amour qui sanctifie souvent dans la douleur, qui nous dira ce qu'il a fait souffrir au cœur ardent de Germaine ?

II. — Et cependant, au milieu de tant de douleurs, pas un regret, pas un murmure, pas la plus légère plainte. Contre ses parents, pas la moindre parole ! au contraire, le visage serein, les manières honnêtes, toujours douce et affable ! Comme réponse à ses insulteurs, la modestie et le silence, une prière au fond du cœur, et ce cri de saint Augustin, disant à Dieu : « Si telle est votre volonté, Seigneur, augmentez mes épreuves ; mais augmentez ma patience ! » C'est avec ce courage que Germaine souffrait.

Bien plus, émule des héros de la patience, elle remerciait Dieu de ses visites douloureuses, les demandant avec instances dès qu'elles lui manquaient, et quand Dieu l'exauçait, plus sa souffrance était grande, plus la joie inondait son cœur.

Dès que le Souverain Pontife Grégoire XVI eut pris connaissance de la vie de la Sainte, il fut tellement frappé de sa merveilleuse patience, qu'il déclara que cette petite bergère lui semblait digne d'être canonisée, plus pour cette héroïque vertu que pour tous ses miracles.

Prière

O Sainte Germaine, modèle de patience, daignez obtenir pour nous que, soumis aux souffrances, nous ayons au moins la force de nous y résigner avec calme et courage, si nous ne savons pas les endurer, à votre exemple, ainsi que les grands saints, avec une vraie joie et avec le désir de les voir augmenter.

Pratique. — S'exercer, dans la journée et pendant la Neuvaine, à bien garder la patience.

Prières. — *Comme le premier jour.*

CINQUIÈME JOUR

Les mérites de Sainte Germaine

Ejus meritis... *concede.*

Par ses *mérites*, accordez-nous, Seigneur.

I. — Le mérite surnaturel est un droit aux récompenses de la grâce et de la gloire que Dieu daigne accorder à l'âme fidèle à le servir.

Rien de plus important pour nous que de bien connaître la nécessité pratique de ce mérite et les moyens de l'acquérir. Aussi, humbles et confiants comme les petits enfants catéchisés par sainte Germaine, allons à elle et prions-la de vouloir elle-même nous expliquer ces deux points.

« Gagnez de saints mérites, nous dira-t-elle, d'abord; tout est là pour vos âmes. Par là vous les sauvez et vous gagnez le ciel. Dieu ne le donne pas gratuitement : c'est une récompense. Personne ne l'obtient que par les saints mérites. En acquérir, en acquérir encore, c'est donc la grande et l'unique affaire.

« Ecoutez l'Evangile : « Faites valoir vos talents, avant « que je vienne pour vous en demander compte. Quiconque les faisant fructifier, aura gagné trente, « soixante et cent pour un, en recevra une somme pa« reille et même supérieure, et il sera dans l'abondance. « Quiconque les aura enfouis ou négligés et n'aura su « les exploiter, en sera dépouillé, et manquera de tout. « Arbre stérile, on le coupera et on le jettera au feu. « Serviteur infidèle et paresseux, il sera chassé par le « maître et enfermé dans la prison. » Ainsi parle le Seigneur.

« Oh! ne vivez donc pas pour acquérir des richesses, de la gloire et des couronnes périssables! Vivez encore moins pour ne goûter que les joies et les plaisirs des sens! Vivez uniquement pour conquérir les trésors du ciel, les trônes et les joies de l'éternité! »

II. — « Le moyen essentiel, pour gagner des mérites, — continuera sainte Germaine, — c'est de servir le Seigneur avec fidélité. Rien de plus juste qu'un tel service. Dieu n'est-il pas le Créateur, le Rédempteur et le Sanctificateur? A ce service nul déshonneur, mais, au contraire, toute gloire; nulle perte, mais tout profit; quelques peines, sans doute, et quelques sacrifices, mais en revanche, quelle paix, quelle joie dans le ciel! »

III. — Ces leçons simples mais profondes, Germaine les a mises en pratique avec un zèle admirable. Elle ne se contenta pas au service de Dieu de la fidélité médiocre de certains chrétiens qui visent à peine leur salut; mais elle déploya l'ardeur des chrétiens héroïques qui aspirent aux plus belles récompenses du ciel.

Elle y consacrait donc tout son temps : chaque matin, à son réveil, elle offrait à Dieu son cœur et sa journée, et elle renouvelait cette offrande, non seulement le soir en se couchant, mais à midi, à chaque heure, à chaque instant du jour.

Elle y consacrait toutes ses actions intérieures et extérieures, ses pensées, ses paroles, ses pas, ses regards, les travaux de ses mains, ses joies et ses souffrances.

De tous les actes de sa vie faisant, enfin, à la divine Trinité, à Jésus Rédempteur, à Marie immaculée, à ses Patrons célestes, un tribut généreux, elle en centuplait le mérite en l'offrant par le pur motif de la divine charité.

Servir Dieu par amour dans les petites choses, en

tout, partout et toujours, c'est l'infaillible secret d'acquérir des mérites nombreux ; c'est aussi celui d'acquérir des mérites héroïques, sans lesquels la sainte Eglise n'aurait point canonisé Germaine.

La foi, l'espérance et la charité de notre Sainte, non moins que sa justice, sa prudence, sa force et sa tempérance, solennellement proclamées héroïques, ont mérité, par conséquent, la récompense exceptionnelle réservée aux grands Saints.

L'oraison liturgique que nous méditons proclame, elle aussi, que Dieu, par sa providence, a daigné la préparer à exceller parmi les Saints par un grand éclat de charité et de patience. Est-ce que son amour pour Jésus dans la sainte Eucharistie ne brillait pas aussi d'un éclat aussi grand, chaque fois qu'en faveur de cet amour Dieu opérait les miracles de la garde du troupeau et du passage du Courbet?

Prière

O vous, dont l'ardeur généreuse au service de Dieu, de Jésus et de Marie, a conquis à votre âme des mérites éclatants, sainte Germaine, fidèle et prudente Servante du Seigneur, qui lui avez consacré tous vos instants, toutes vos actions et toutes vos souffrances, préservez-nous de nos oublis, de nos négligences et de nos lâchetés.

Aidez-nous à réparer nos pertes de temps, nos résistances à la grâce, nos infidélités.

Faites-nous servir Dieu comme vous, avec cette ferveur qu'il mérite et qu'il veut tant récompenser. Ainsi soit-il.

Pratique. — Renouveler souvent dans la journée l'offrande à Dieu de ses principales actions.

Prières. — *Comme le premier jour.*

SIXIÈME JOUR

L'intercession de sainte Germaine.

Ejus... intercessione, *concede...*
Par son *intercession*, accordez-nous Seigneur.

I. — L'intercession des Saints est une des plus belles œuvres de leur charité fraternelle. Touchés de nos besoins, et animés de cette charité, ils se présentent devant Dieu pour lui offrir en notre faveur leurs mérites et leurs prières. Dieu, infiniment bon, nous accorde, à cause de ces intercesseurs, une multitude de grâces que jamais, sans eux, nous n'aurions pu obtenir.

La vie de Germaine sur la terre et dans le ciel est trop remplie de charité fraternelle pour que l'intercession, qui en fait partie, n'apparaisse pas dans tous les états de cette même vie.

En méditant sur les œuvres de charité qu'elle exerce du haut du ciel, nous avons admiré la profusion de grâces et de miracles que Dieu, depuis des siècles, se plaît à répandre par ses mains généreuses. Infirmes, malades, affligés de toute sorte, enfants, adolescents, personnes de tout âge et de toute condition, habitants des villes et des campagnes, religieux, prêtres et pontifes, tous ceux qui de près ou de loin implorent les secours de son intercession, ne l'ont jamais trouvée insensible à leurs demandes. Ils n'ont tous qu'une voix pour bénir le Seigneur d'avoir rendu si puissante l'intercession de la douce bergère.

A ces éclatants bienfaits il convient d'ajouter ceux qui sont dus à la constante influence exercée depuis trois siècles sur un grand nombre d'âmes par ses exemples de plus en plus connus.

II. — Même dès cette vie, Germaine intercédait pour le prochain. Si l'on veut, en effet, considérer à un point de vue un peu large cette offrande des mérites et des prières qui est l'intercession des Saints, on voit qu'elle peut se ramener à une sorte de sacrifice, particulièrement à celui de la messe dont elle a, sans contredit, les quatre grandes fins. Lors donc que les Saints intercèdent pour nous, ce n'est pas seulement pour demander en notre faveur les grâces qui nous sont nécessaires, ni pour acquitter les expiations que nous devons à Dieu, c'est encore pour lui rendre les adorations et les actions de grâces que trop souvent nous lui refusons.

Germaine intercédait ainsi, d'abord, par la prière et par l'expiation. Malgré l'isolement où elle a dû vivre, elle n'ignorait point les négligences, les froideurs, les nombreuses offenses dont se rendaient coupables envers Dieu ses parents, ses amis et les gens du village. La vue des châtiments qu'ils s'attiraient par là, la remplissait de compassion, et pour apaiser Dieu elle offrait des prières plus ferventes et de plus grandes pénitences.

Remplie de zèle pour la foi et d'amour pour l'Eglise, elle savait aussi les malheurs effroyables dans lesquels l'hérésie protestante plongeait alors une grande partie des catholiques de l'Europe et de son pays. Elle voyait, enfin, de ses yeux, les terribles dangers que cette même hérésie faisait courir autour d'elle aux fidèles de sa paroisse et, en particulier, à son seigneur châtelain, le célèbre Guy du Faur de Pibrac. Or, il n'est pas douteux que ce ne soit à ses prières, à ses mérites, à son intercession qu'ils n'aient dû en partie la précieuse grâce de garder la vraie foi, tandis que tant d'autres la perdaient tristement. Certes, si à la même époque, sainte Thérèse, véritable amie de la France, sans être française, n'a cessé, dans ce but, d'intercéder pour nous, combien sainte Germaine, suscitée providentiellement pour protester contre les défections d'alors, n'aura-t-elle pas prié, expié, intercédé pour cette même cause ?

Entre toutes les âmes qui réclamaient ses prières et ses expiations, les âmes du Purgatoire ont dû occuper une très grande place. Croyant au Purgatoire d'une foi d'autant plus vive que les protestants le niaient formellement, Germaine s'appliquait à gagner le plus d'indulgences possible pour tous les défunts, mais plus particulièrement pour sa mère et pour les morts de sa famille.

Elle intercédait, ensuite, par l'adoration et l'action de grâces. Ses prières continuelles, ses pratiques de piété si ostensibles, ses fréquentations si courageuses de l'église et des sacrements n'étaient pas, à ses yeux, seulement le tribut personnel du culte et de l'amour que chacun doit à Dieu, c'était encore une compensation pour l'abandon du service de Dieu qui affligeait alors son village et le pays entier. L'église paroissiale était, hélas ! désertée, ses murs étaient tout lézardés, sa misère et son délabrement étaient extrêmes, preuves trop manifestes d'un grand défaut de religion. Voilà pourquoi Germaine, compatissante pour ses frères, offrait à Dieu pour eux tant de prières et de pratiques religieuses.

C'est aussi dans ces mêmes sentiments que, réparant leur ingratitude, elle rendait à leur place tant d'actions de grâces à Dieu pour les bienfaits sans nombre dont ils étaient l'objet.

Le beau tableau qui décore, à Pibrac, l'autel de Sainte Germaine, la représente, au milieu de la campagne verdoyante, entourée de son troupeau paisible, à genoux, les mains et les yeux levés au ciel, priant avec ferveur : elle demande grâce et pardon au Seigneur, elle l'adore et le remercie, elle intercède enfin auprès de Lui pour nous. Ne pourrait-on pas justement écrire au-dessous de ce tableau ces paroles sacrées : « Voilà celle qui prie beaucoup pour son peuple » (II Mach. xv, 14) ?

Prière.

O vous qui, pour votre sanctification, avez prié Dieu si parfaitement, le jour et la nuit, de bouche et de cœur, aidez-nous, ô sainte Germaine, à accomplir ce devoir si important. Mais vous priiez aussi, vous méritiez et vous intercédiez pour le salut de tous. Du haut du ciel, vos bontés incessantes, vos éclatants miracles proclament hautement que Dieu daigne agréer votre charitable intercession. O bonne Sainte, intercédez toujours pour nous, présentez nos prières et faites que les nôtres, inspirées comme les vôtres par la charité fraternelle, soient aussi pour notre prochain de saintes intercessions. Ainsi soit-il.

Pratique. — Dire, en union avec sainte Germaine, quelques prières pour notre prochain.

Prières. — *Comme le premier jour.*

SEPTIÈME JOUR

Sainte Germaine portant sa croix

Crucem *jugiter ferentes...*
Portant constamment *la croix.*

I. — Pourquoi la souffrance est-elle ici-bas le sort inévitable de toute vie humaine ?

A cette grave question la raison ne sait répondre qu'à demi ; seule, la foi chrétienne donne une réponse complète.

C'est que toute souffrance humaine, dans les desseins de Dieu, est ce que Jésus-Christ le premier a appelé dans l'Evangile du nom révélateur de « croix ».

La croix, c'est le mystère de notre rédemption. La porter chaque jour à la suite du divin Maître, se rendre ainsi digne de Lui, chercher en elle le règne de Dieu, notre force et notre salut, s'y attacher, s'en faire gloire, c'est « compléter en soi les souffrances de Jésus-Christ », selon la parole de saint Paul ; c'est s'appliquer les mérites infinis de son sang.

Aussi, pour un chrétien, la patience méritoire consiste à souffrir en union avec Jésus-Christ souffrant, pour ses motifs et dans ses sentiments, c'est-à-dire par amour de Dieu et de notre prochain.

Dieu, qui aime toutes les âmes, et qui, par conséquent, veut la rédemption et le salut de toutes, impose à chacune la croix à porter. Plus grand même est l'amour dont il l'honore, plus pesante est souvent la croix qu'il lui réserve.

II. — Quelles furent les croix réservées à sainte Germaine, nous avons pu les connaître, en méditant sur sa patience. Croix extérieures, croix intérieures, croix de chaque jour et de la vie entière, Germaine a dû les porter toutes, tant se montrait ardent l'amour que le Seigneur avait pour la sainte bergère.

III. — Mais admirons surtout la manière héroïque avec laquelle cette forte chrétienne a porté ses lourdes croix.

Un saint anachorète, dit un pieux auteur, vit un jour trois troupes de chrétiens qui, gravissant le rude chemin du Ciel, portaient chacune leur croix de façon différente. La première troupe l'avait chargée sur les épaules et la traînait lentement, avec de grands efforts, en poussant des soupirs et des gémissements. La seconde, la tenant à deux mains, la dressait fièrement au-dessus de la tête comme un saint étendard et marchait plus aisément et plus rapidement. La troisième avançait à grands pas, recueillie mais joyeuse, les mains croisées sur la poitrine, ne tenant pas la croix mais la suivant, portée devant chacun par les anges gardiens. Les premiers marchaient ainsi sous leur croix par la crainte de l'enfer, les seconds par l'espérance du ciel, les troisièmes par l'amour du Seigneur.

C'est ce dernier motif qui seul explique bien la patience silencieuse et souriante avec laquelle Germaine portait ses croix. Pourquoi sous ce poids écrasant la voyait-on toujours le visage calme et tranquille, ne se plaignant jamais? Pourquoi, à la fin de sa vie, quand par suite du miracle des fleurs, ses croix semblaient vouloir disparaître, la bergère si pauvre, si rebutée, si méprisée, demanda-t-elle en grâce de conserver sa pauvreté, son réduit, ses humiliations? Oh! c'est par charité, par le même motif qui animait le Rédempteur à monter au Calvaire.

Cet amour de la croix, comme il brillait encore en Germaine dans son respect pour ses images matérielles, qu'elle saluait, qu'elle honorait à deux genoux, qu'elle façonnait et fixait sur un grand arbre, qu'elle portait, enfin, en modeste métal, toujours sur sa poitrine. Il éclatait de même dans ces signes de croix qu'elle traçait sur elle avec tant de piété, qu'elle enseignait et expliquait aux petits enfants.

Prière.

O sainte Croix, notre unique espérance, notre défense et notre saint drapeau, vous avez, au Baptême et dans les Sacrements, fait couler sur nos âmes le sang de Jésus-Christ. Vos deux bras protecteurs garderont sur la tombe nos corps endormis pour un temps dans la mort. Qu'au dernier jour du monde, quand nous ressusciterons pour comparaître devant le Juge redoutable, votre vue nous rassure et votre puissance nous sauve.

Sainte Germaine, passionnée pour la Croix, apprenez-nous à la supporter, à l'estimer et même à la chérir comme la marque la plus sûre de l'amour du Rédempteur pour le salut de nos âmes. O vous, qui l'avez portée si glorieusement, aidez-nous à marcher sous la nôtre chaque jour de la vie avec Jésus, comme Jésus et pour Jésus. Ainsi soit-il !

Pratique. — Faire le signe de la croix avec plus de respect, et s'imposer quelques actes de mortification dans la journée.

Prières. — *Comme le premier jour.*

HUITIÈME JOUR

L'amour de sainte Germaine pour Dieu

Concede, ut... Te *semper* diligere *valeamus.*

Accordez-nous de pouvoir *Vous aimer* toujours.

I. — L'amour de Dieu est tout ensemble le premier principe, le moyen le plus sûr et la plus haute récompense de toute sainteté. Dès qu'elle le connut, Germaine aima son Dieu. Plus elle grandit, plus elle le connut, et plus elle l'aima. Cet amour fut pratique : c'est en se livrant tout entière à la conquête des plus grandes vertus qu'elle voulut montrer à Dieu combien elle l'aimait de tout son cœur, de toute son âme, de toutes ses forces.

« La charité de Dieu nous presse, » s'écrie le grand Apôtre. Les motifs d'aimer Dieu sont, en effet, sans nombre. Mais de tous le plus puissant pour Germaine, ce fut la sainte Eucharistie Là Jésus montre un amour incomparable de présence, de sacrifice et d'union. Germaine, afin de le payer de retour, sera donc héroïquement assidue à la messe, à la communion et à la visite du Saint-Sacrement.

II. — Elle assistait d'abord chaque jour à la Messe. C'est là un fait des plus connus de son histoire. Ce qui peut-être est moins connu, ce sont les sacrifices que lui coûtait cette assistance quotidienne.

D'abord, le sacrifice de son temps. Pour venir à la Messe, l'entendre et retourner près de ses brebis, il lui fallait au moins deux heures, et deux heures à regagner, pour que sa tâche de fileuse ne restât pas inachevée.

Ensuite, le sacrifice de ses fatigues. Tous les jours, d'abord, une course matinale de près de trois quarts d'heure, par tous les temps, à jeûn, à pied et sans chaussures, par des sentiers pierreux et âpres ; rester ensuite, tout le temps de la Messe, à genoux, sur le sol, sans appui, immobile, attentive, dans une église délabrée, ouverte à tous les vents ; s'en retourner, enfin, avec la même peine ; — voilà ce que bravait une pauvre enfant, chétive et maladive.

Ajoutez le sacrifice de l'honneur. Cette assiduité de chaque jour était d'autant plus remarquée et blâmée qu'elle accusait directement les négligences des catholiques, et leurs opinions d'alors toutes pénétrées de l'esprit protestant ; aussi, à ce sujet, Germaine reçut-elle le surnom de « bigote ».

Enfin, sacrifice plus grand, celui de la responsabilité. Car, pour une bergère, n'était-ce pas crime ou folie que d'abandonner son troupeau chaque matin pendant un temps si long, le laissant exposé aux loups ou aux voleurs et libre de se disperser, ou du moins de commettre de graves dégâts? Et toutefois, Germaine se garda d'hésiter dès qu'elle eut entendu l'appel intérieur de Jésus. Qu'il n'y eût là ni crime ni folie, mais parfaite vertu et profonde sagesse, Dieu se chargea de le montrer par des miracles répétés : divin Pasteur, il gardait chaque jour, dans les champs, le troupeau de sa bergère, et au fond de la vallée, il écartait les flots qui obstruaient son passage.

Grandes leçons pour les chrétiens qui manquent la Messe sous les prétextes faux d'un défaut de temps, d'une fatigue qu'ils redoutent, du respect humain ou de pertes imaginaires !

III. — Sainte Germaine communiait fréquemment, au moins tous les dimanches et tous les jours de fête. Elle savait que la communion fréquente et même quotidienne est désirée de Jésus, de l'Eglise et des âmes saintes. Dieu, qui l'avait choisie pour être un des modèles du culte qu'il faut rendre à la sainte Eucharistie, lui avait de bonne heure fait connaître ces désirs. C'est pourquoi, Germaine, qui déjà, quelque temps après sa première communion, assistait chaque jour à la Messe, triomphant bientôt de son humilité et de sa timidité, demanda et obtint de pouvoir y communier le plus souvent possible.

Oh ! les beaux jours de fête pour son cœur si fervent que les jours de ses communions ! Qui dira son respect, sa gratitude, les élans de son amour, quand elle possédait Jésus en elle-même ! « Mon bien-aimé est à moi, et je suis à Lui ! » pouvait-elle s'écrier comme l'Epouse des Cantiques. Et en effet se donnant, se consacrant entièrement à Lui, elle ne vivait désormais que pour Lui.

Ses préparations étaient ferventes et longues, mais plus ferventes et plus longues encore ses actions de grâces. Tout son temps se divisait en ces deux parts : d'abord, se préparer à communier et puis, remercier Dieu de l'avoir fait.

IV. — Les jours que notre sainte ne pouvait s'approcher de la sainte Table, ou que la messe n'était pas dite dans l'église paroissiale, elle accourait quand même auprès de son Jésus résidant au Tabernacle. Cette présence du divin Maître, — dans une église pauvre, dans la prison du Tabernacle, et dans l'étroit cachot du Ciboire et de l'Hostie, présence continuelle et le jour et la nuit, malgré nos ingratitudes, nos abandons et nos outrages, — touchait et remuait le bon cœur de Germaine au point qu'elle eût voulu rester toujours dans le lieu saint, et ne jamais quitter la présence de Celui qui daigne s'appeler « Dieu avec nous » et qui trouve ses délices à résider parmi les enfants des hommes.

Sous l'empire de ce désir, bravant toute crainte et

toute fatigue, elle en vint peu à peu à répéter le soir sa visite du matin.

Et lorsqu'elle était devant son Dieu rendu sensible à sa foi clairvoyante, qui l'eût considérée aurait cru voir le respect, la piété, la ferveur en personne.

Prière.

O sainte Germaine, vous si brûlante de l'amour du bon Dieu, jetez sur nos cœurs refroidis quelque étincelle de l'ardeur qui dévorait le vôtre! O séraphique amie de Jésus au divin Sacrement, rendez-nous assidus au sacrifice de la messe, à la fréquente communion et aux visites quotidiennes au Dieu du Tabernacle. Et pour nous en donner le courage, obtenez-nous une part de votre foi et de votre amour envers la sainte Eucharistie. Ainsi soit-il!

Pratique. — Entendre la messe, communier, ou du moins faire une visite au Très Saint-Sacrement.

Prières. — *Comme le premier jour.*

NEUVIÈME JOUR

La dévotion de sainte Germaine à Marie (1).

Regina Virginum, ora pro nobis.

Reine des Vierges, priez pour nous.

(LITANIES.)

I. — Suscitée du Seigneur pour être un grand exemple du pur catholicisme et confondre par là les erreurs protestantes, en relevant la piété et les mœurs chrétiennes, l'humble bergère de Pibrac a brillé d'un vif éclat par toutes les vertus déjà signalées, mais plus particulièrement encore par les deux grandes dévotions attaquées et niées de son temps, la dévotion à la divine Eucharistie et la dévotion à la Très Sainte-Vierge.

Elle a été admirable, nous l'avons vu, par son culte envers le Très Saint-Sacrement. Elle ne l'a pas été moins encore par son culte envers Marie, la Mère de Jésus.

Sa bonne et douce mère portait ce nom béni. Fille d'une Marie, la petite Germaine apprit à bégayer le nom de sa Mère du ciel en bégayant celui de sa mère terrestre. C'est donc avec une tendresse doublement filiale qu'elle aussi pouvait s'écrier, comme saint Stanislas Kostka : « Marie ! ah ! c'est ma Mère ! »

Marie Laroche, de qui Germaine enfant a dû tant recevoir, après avoir consacré à la Mère de Jésus sa fille, hélas ! bientôt orpheline, n'aura pas manqué de l'instruire de très bonne heure des grandeurs et des

(1) Ce sujet ne figure pas dans l'Oraison liturgique de sainte Germaine. Il est pourtant si glorieux pour la Sainte et si utile pour nous qu'il était impossible de le passer sous silence.

bontés de Marie, du respect et de l'amour que nous lui devons et surtout des pratiques ordinaires de dévotions envers Elle. « Qui sait, dit un pieux auteur (1), si Marie Laroche, en mourant, ne légua pas à Germaine son modeste chapelet, comme la meilleure part de son héritage? » Prévenue de la grâce, Germaine à la mort de sa pauvre mère, comme sainte Thérèse, l'orpheline d'Avila, se sera jetée aux pieds de sa mère du ciel, et se consacrant à elle, l'aura conjurée de l'accepter désormais pour sa fille.

II. — « Sainte Germaine récitait le Rosaire, » dit encore le même auteur, et les témoignages recueillis dans les procès de la canonisation confirment cette assertion à l'unanimité.

C'était là, sans aucun doute, une des pratiques enseignées par Marie Laroche, à sa pieuse enfant. Il paraît même très probable que la mère et la fille ont été reçues dans la Confrérie du Rosaire (2). Certes la sainte Confrérie en admettant Germaine se sera rarement donné une gloire plus grande. Avec quelle fidélité, avec quelle attention, avec quelle ferveur Germaine s'appliquait-elle à la méditation des quinze mystères et à la récitation des prières qu'impose le Rosaire! Qui ne sait qu'en allant à l'église et en s'en retournant, elle

(1) Le R. P. Fr. André Pradel, des Frères-Prêcheurs, dans son excellent *Manuel de la dévotion à sainte Germaine*, p. 123, gr. in-12. Chez Privat, Toulouse, 1869.

(2) Etablie, à cette époque, dans toutes les paroisses du diocèse de Toulouse, cette Confrérie a dû l'être dans la paroisse de Pibrac même avant beaucoup d'autres. C'est, en effet, selon une tradition des plus respectables, sur son territoire, ou tout au moins sur ses limites les plus rapprochées, dans la forêt de Bouconne, que saint Dominique aurait reçu de la Très Sainte Vierge, l'ordre exprès de prêcher le Rosaire. (Ouvrage cité, p. 124.) Assurément, Marie Laroche et sainte Germaine n'ont pu ignorer ni ce fait si glorieux pour leur village natal, ni les fruits admirables produits par le Rosaire, ni l'antique existence dans leur église de la Confrérie de ce nom.

tenait toujours son chapelet à la main, le récitant avec recueillement ? N'était-ce pas, en effet, une excellente méthode pour se préparer à la messe et à la communion et pour faire l'action de grâces ?

III. — Sainte Germaine récitait l'*Angelus* avec une dévotion également signalée par tous les témoignages. Car dès qu'elle entendait la cloche l'annoncer, elle se précipitait à genoux pour le dire, sans regarder où elle se trouvait, fût-ce dans la boue et même dans l'eau. Et Dieu daignait approuver un tel empressement par une sorte de miracle : jamais, en effet, disent les traditions, ses vêtements n'en furent salis ou mouillés.

Les Actes de sa vie signalent encore ses visites assidues à l'autel de Marie, les prières ferventes qu'elle aimait à y répandre, et son empressement joyeux à célébrer les fêtes de la Vierge.

IV. — Mais la forme parfaite de la dévotion à la Reine des Saints, c'est, sans contredit, l'imitation des vertus qu'elle préfère. Or, ces vertus, nul ne l'ignore, sont avant tout l'humilité, la virginité, la charité, la patience, l'amour de Jésus-Christ, précisément les mêmes dont l'Eglise fait honneur à sainte Germaine, dans l'oraison que nous méditons. Oh ! certes, c'est pour Jésus et comme Jésus, mais c'est aussi pour Marie et comme Marie que sainte Germaine a excellé dans l'humilité, la virginité, la charité et la patience, qu'elle a gagné tant de mérites, qu'elle intercède et prie pour nous, qu'elle a porté si constamment sa croix et qu'elle a aimé d'un amour si ardent son Jésus, le Dieu de l'Eucharistie. Oui, il faut lui reconnaître cette gloire, la Vierge Germaine est par ses belles vertus une vivante image de la Vierge Marie.

Prière.

O sainte Germaine, digne enfant de Marie, consacrée dès le berceau à cette auguste Mère, tendre orpheline adoptée par son cœur, oh ! nous vous en prions, donnez-nous désormais de vivre comme vous, dignes de ses regards et de ses protections.

Nous voulons l'honorer et la faire honorer, nous voulons surtout nous montrer ses enfants en imitant ses vertus, qui furent aussi les vôtres.

Aidez-nous, bonne et puissante Germaine, à réaliser ces saints désirs et à garder ces résolutions. Mais aidez-nous plus encore, pour votre honneur, pour l'honneur de Marie notre commune mère, pour la gloire de Jésus notre Sauveur, et pour le salut de nos âmes, à les mettre courageusement en pratique. Ainsi soit-il !

Exercice. — Se consacrer de nouveau à Marie et observer avec une fidélité parfaite les pratiques de piété envers Elle.

Prières. — *Comme le premier jour.*

LE
NOM DE SAINTE GERMAINE (1)

Sancta GERMANA, *ora pro nobis !*
Sainte *Germaine*, priez pour nous !

Les noms que les Saints reçoivent au baptême indiquent quelquefois le rôle spécial que la Providence leur réserve. Le nom donné à notre Sainte ne semblerait-il pas être de ces noms-là ?

Tiré du nom de saint Germain, le grand évêque d'Auxerre qui, au VIe siècle, consacra au Seigneur sainte Geneviève, alors bergère de Nanterre, le nom de Germaine imposé au baptême à la future bergère de Pibrac, signifie dans la langue latine ou une sœur véritable ou une demi-sœur (2). Entendu largement, ce mot désigne aussi une protectrice, une gardienne, un modèle, c'est-à-dire une patronne. Rien de plus facile à justifier par les faits de la vie mor-

(1) Ce n'est pas ici proprement une méditation, mais une explication de titres aux nombreux patronages attribués à sainte Germaine par les Statuts de son Archiconfrérie. Néanmoins, plusieurs points de ce sujet pourront servir de méditation pour le jour de la Fête de la Sainte ou pour celui de la clôture de cette Neuvaine.

(2) La langue espagnole garde tout-à-fait le sens du latin au terme *Hermana*, qui dérive évidemment de *Germana*. Notre dérivé *Germaine* a pris le sens d'une parenté réelle mais plus éloignée.

telle ou posthume de sainte Germaine que ses titres providentiels au patronage des sociétés et des personnes suivantes.

I. Sainte Germaine est patronne de *l'Eglise*. — Qu'on ne s'étonne pas qu'un titre si élevé soit donné à une si humble vierge. Car, d'abord, c'est un fait reconnu que deux chefs récents de l'Eglise, Pie VII et Pie IX, l'un prisonnier à Fontainebleau, l'autre chassé de Rome, ont par son intercession retrouvé, l'un sa liberté et l'autre son trône. Ensuite, Germaine était bergère, gardienne d'un troupeau de brebis et d'agneaux. Or, c'est du nom de bercail que Jésus-Christ a appelé son Eglise; ses ministres et ses fidèles sont ses brebis et ses agneaux; leur société est son troupeau, et lui, le chef de toute créature, est le bon Pasteur. Pierre, son Vicaire en ce monde, ne reçoit ce grand titre qu'en recevant en même temps l'ordre formel de paître les agneaux et les brebis de Jésus. Les Souverains Pontifes, successeurs de saint Pierre, sont et s'appellent les Pasteurs des Pasteurs, les Pasteurs universels. Les évêques et tous les chefs légitimes des divers groupes de l'Eglise ne sont aussi que des Pasteurs, leurs sujets sont des ouailles et leurs groupes des troupeaux. Enfin, tous ceux qui sur la terre ont directement ou indirectement, reçu charge d'âmes, pères et mères de famille, maîtres des écoles de tous les degrés, chefs du peuple, magistrats, législateurs, commandants des armées, directeurs ou simples administrateurs des intérêts matériels ou moraux de toute classe de personnes, tous peuvent et doivent chrétiennement être considérés et désignés comme vrais bergers, à qui Dieu, le seul maître de tous, en donnant autorité sur leurs subordonnés, recommande de se conduire non comme le mercenaire qui exploite ou abandonne son troupeau, mais comme le bon Pasteur qui, connaissant ses ouailles et en étant connu, les aime, les nourrit et se dévoue pour elles.

II. Sainte Germaine est patronne de *la France*, aux mêmes titres que deux autres bergères illustres, sainte Geneviève et Jeanne d'Arc. — La France, alors encore jeune, mais déjà baptisée fille aînée de l'Eglise romaine, allait périr sous les terribles coups du « Fléau de Dieu », Attila, roi des Huns; elle fut sauvée par la bergère de Nanterre. Envahie par l'Angleterre qui bientôt deviendra hérétique, et menacée de perdre son indépendance nationale et plus tard son catholicisme, elle fut préservée de ce double péril par la bergère de Domremy. A l'époque de sainte Germaine, les guerres religieuses sévissant de toutes parts, menaçaient, surtout dans le Midi, de détruire son unité en détruisant sa foi : qui oserait nier que la bergère de Pibrac par sa secrète intercession n'ait puissamment contribué à retirer sa patrie d'un danger si pressant ?

III. Sainte Germaine est patronne des *ouvriers* et des *ouvrières* des villes et des campagnes. — Fille aînée de la maison, au lieu d'un travail honnête et modéré, qui ne déshonore personne et qui est au contraire, un devoir glorieux, elle a été appliquée à un travail de servante, sans ménagement, sans repos et sans rétribution !

IV. Sainte Germaine est patronne de *pauvres*. — Bien que son père et sa mère défunte ne fussent pas riches, ils n'étaient pourtant pas pauvres, surtout pour le temps où ils vivaient : ils possédaient le troupeau que Germaine gardait, la maison qu'ils habitaient et, sans doute, quelques parcelles de terre autour de cette maison. En travaillant honnêtement, comme il vient d'être dit, Germaine aurait eu donc le droit de vivre moins pauvrement qu'elle n'y fut contrainte. Quel pauvre, en effet, a jamais été plus mal nourri, vêtu, logé, couché et traité que la sainte bergère ?

Puis, quel amour profond que le sien pour ses compagnons de misère, membres indigents du corps de Jésus-Christ ! Quand elle les voyait lui tendant la main, oh ! c'était bien du fond de son cœur qu'elle leur donnait son pain ! Mais aussi, comme ils bénirent Dieu quand ils virent la pauvre Germaine glorifiée par le miracle des fleurs !

V. Sainte Germaine est patronne des *orphelins*, des *abandonnés* et des *persécutés*. — Orpheline de mère, dès l'âge de cinq ans, elle fut beaucoup trop abandonnée par son père, dont le lâche silence la laissa sans protection, et livrée aux traitements persécuteurs de sa marâtre, de ses frères, de ses sœurs et des gens du village.

VI. Sainte Germaine est patronne des *malades* et des *infirmes*. — Maladive toute sa vie, privée du moindre soin, souffrant toujours des écrouelles et de son bras perclu, sa vie mortelle n'a guère été qu'une longue maladie. Les innombrables ex-voto qui ont longtemps rempli la galerie qui surmontait ou précédait son glorieux tombeau, attestent hautement que l'infirme d'autrefois, aujourd'hui rayonnante de la vie immortelle, garde pour cette classe de clients les compassions choisies de son saint patronage. Encore de nos jours, ces clients-là ne cessent d'accourir auprès d'elle, et elle ne cesse point d'avoir pitié d'eux, de les guérir ou de les soulager.

VII. Sainte Germaine est patronne des *jeunes enfants* et des *adolescents*. — Enfant et adolescente elle-même, elle fut leur modèle. On sait, de plus, avec quelle douceur elle les accueillait, avec quel zèle aimable elle les rassemblait autour d'elle pour leur enseigner les prières, le catéchisme et les saintes vertus. A leur aspect, elle se souvenait sans doute de l'amour paternel que le Seigneur montrait sur la terre pour ces chers innocents. Bon Pasteur pour toutes ses ouailles, Jésus voulut être plus tendre et plus caressant pour ces petits agneaux. A son exemple, l'aimable Bergère, bonne pour tous sans distinction, devenait toute tendresse pour ces préférés de Jésus. Du haut du ciel, près du Sauveur, c'est pour ces mêmes préférés qu'elle a obtenu souvent ses plus étonnants miracles.

VIII. Sainte Germaine est patronne des *jeunes personnes*. — Non contente de leur donner l'exemple continuel des vertus qui leur sont propres, elle les abordait parfois pour les encourager au bien et les y retenir, pour les avertir des dangers qu'elles couraient et les en préserver, pour les corriger, les relever de leurs fautes, prier et expier pour elles. Combien lui auront dû avec la grâce de leur salut, celle de devenir la joie, l'honneur et l'édification de leurs familles, de leur paroisse et de l'Eglise!

IX. Sainte Germaine est patronne des *fidèles des paroisses*. — C'est là un titre précieux qui n'est pas commun et qui est bien le sien. Elle a pu, il est vrai, appartenir à quelque Confrérie, à celle du Saint-Rosaire probablement, peut-être aussi à celle du Saint-Scapulaire, mais les secours ordinaires de la religion et de la piété, elle ne les a trouvés que dans sa paroisse, auprès de son curé. Aussi, quel modèle admirable de respect pour le repos et la sanctification du dimanche et des fêtes, quelle assiduité à l'église, aux offices du matin et du soir, à toutes les cérémonies religieuses! quelle attention docile aux prédications, aux instructions, aux recommandations de son pasteur! quel zèle ardent et ferme pour la fréquentation des sacrements de Pénitence et d'Eucharistie! Patronne des Pasteurs, patronne des fidèles, Germaine assurément mérite encore d'être hautement proclamée patronne des bons paroissiens et des bonnes paroissiennes!

X. Sainte Germaine, enfin, est patronne des *membres* des nombreuses *Confréries*, *Associations* ou *Œuvres*, qui, respectivement, ont pour objet : — 1° Soit le culte du Très Saint-Sacrement, comme sont tant de fidèles composant les Confréries proprement dites du Très Saint-Sacrement, de l'Adoration réparatrice diurne et nocturne, de la Communion réparatrice, de la Communion mensuelle ou fréquente, etc., etc. (1). Car, une part principale de la mission providentielle donnée à notre Sainte, c'est incontestablement une fervente dévotion envers l'Eucharistie sous toutes les formes que cette dévotion peut revêtir. — 2° Soit la dévotion à la Très Sainte Vierge Marie; par exemple, les Confrères du Saint-Rosaire, de Notre-Dame du Mont-Carmel, les Congréganistes de la Très Sainte-Vierge ou Enfants de Marie, etc., etc. Une autre part, en effet, tout aussi importante de cette même mission, c'est très évidemment une éclatante dévotion au Chapelet, à l'*Angelus*, à l'autel et aux fêtes de Marie. — 3° Soit l'enseignement des vérités de la foi, ainsi que le pratiquent les confrères de la Doctrine chrétienne, les Catéchistes volontaires, etc., même les membres de l'Œuvre de Saint-François de Sales, des Missions intérieures et étrangères, les écoles catholiques de tout degré et notamment des

(1) Voir, si l'on veut, l'historique, le but, les règles et les approbations canoniques de ces Œuvres, ainsi que des suivantes, dans l'ouvrage complet du R. P. Béringer, s. j., intitulé : *Les Indulgences, leur nature et leur usage*, etc., traduction des PP. Abt et Feyerstein, s. j. Paris. P. Lethielleux, éditeur.

Séminaires. En enseignant le catéchisme aux enfants du village, est-ce que la sainte Bergère ne donnait pas un grand exemple de ce zèle pour la foi et pour les âmes qui est la fin et l'esprit apostolique des œuvres indiquées? — 4° Soit enfin, en général, les diverses pratiques de charité telles qu'on les exerce dans les hôpitaux religieux, dans les Sociétés de Saint-Vincent de Paul, dans les Orphelinats, les Patronats, les Cercles catholiques, etc., etc. Sa charité merveilleuse, caractère saillant de sa sainteté personnelle, est certes un titre suffisant pour lui attribuer aussi ce magnifique patronage!

Prière

Sainte Germaine, ô notre aimable sœur, si votre nom de baptême se montre si prophétique, c'est que, sans aucun doute, Dieu lui-même avait daigné le choisir : il réservait à votre fraternelle et douce charité un patronage universel!

Aussi, pleins de confiance en vous, Germaine, sainte sœur, nous vous prenons pour patronne et nous plaçons sous votre sûre garde tout ce que nous sommes et tout ce que nous avons, nos corps, nos âmes, nos parents, nos amis et tous nos intérêts!

Patronne de l'Eglise, patronne de la France, sainte Germaine, priez pour elles! ô sainte Bergère, daignez les garder! — Patronne des ouvriers, des ouvrières, de tous les travailleurs, patronne des pauvres, des orphelins, des malades, patronne des délaissés et des persécutés, sainte Germaine, priez pour eux! ô douce Bergère, daignez les garder! — Patronne des enfants et des adolescents, patronne des jeunes personnes, patronne des paroisses et de toutes les œuvres de piété envers l'Eucharistie et la Très Sainte Vierge, de zèle pour la foi ou pour la charité, sainte Germaine, priez pour eux, priez pour elles! glorieuse Bergère, daignez les garder, les défendre et les conduire au ciel! Ainsi soit-il!

PRATIQUE. — Se consacrer à sainte Germaine et entrer dans son Archiconfrérie.

PRIÈRE. — *Comme le premier jour de la Neuvaine.*

OFFICES LITURGIQUES

En l'honneur de Sainte Germaine

A LA MESSE

Pendant que le Prêtre arrive à l'autel et fait les derniers préparatifs de la Messe, on peut dire la prière suivante :

Seigneur, mon Dieu, je vous offre la sainte Messe à laquelle je vais assister, en union avec les intentions de Jésus-Christ mourant sur la Croix, de Marie, sa sainte Mère, de l'Eglise du ciel, du purgatoire et de la terre, de sainte Germaine, votre glorieuse servante, du Prêtre qui va célébrer, et à toutes celles que vous savez, mon Dieu, et que je forme pour moi, pour mes parents et pour tous mes amis vivants ou décédés. Sainte Germaine, venez à mon secours, et donnez à mon âme quelques-uns de ces sentiments de foi, de respect, de piété que vous apportiez ici même au Seigneur, en entendant la Messe. Mon Dieu, je vous les présente avec confiance. Daignez, en leur faveur, ne point me refuser les grâces que je vous demande humblement en son nom et au nom de Jésus-Christ votre Fils, mon Sauveur. Ainsi soit-il !

Le Prêtre, au pied de l'autel, fait le signe de la croix, et dit, en latin :

℣. Au nom du Père, et du Fils, et du Saint-Esprit.
℟. Ainsi soit-il !

℣. Je m'approcherai de l'autel de Dieu, ℟. Du Dieu qui réjouit ma jeunesse.

Psaume 42. ℣. Jugez-moi, Seigneur, et séparez ma cause de celle d'une nation qui n'est pas sainte : délivrez-moi de l'homme injuste et trompeur.

℟. Car vous êtes ma force, ô mon Dieu : pourquoi m'avez-vous repoussé ? et pourquoi me laissez-vous marcher dans la tristesse, opprimé par mon ennemi ?

℣. Envoyez votre lumière et votre vérité : elles me guideront et me conduiront sur votre montagne sainte, et dans vos tabernacles.

℟. Et je m'approcherai de l'autel de Dieu, du Dieu qui réjouit ma jeunesse.

℣. Je vous chanterai sur la harpe, ô Dieu, mon Dieu : pourquoi êtes-vous triste, ô mon âme, et pourquoi me troublez-vous ?

℟. Espérez en Dieu, car je le louerai encore, lui, le salut de ma face et mon Dieu.

℣. Gloire au Père, et au Fils, et au Saint-Esprit.

℟. Comme dès le commencement, maintenant et toujours, et dans les siècles des siècles. Ainsi soit-il.

℣. Je m'approcherai de l'autel de Dieu,

℟. Du Dieu qui réjouit ma jeunesse.

℣. Notre secours est dans le nom du Seigneur,

℟. Qui a fait le ciel et la terre.

Le Prêtre dit le CONFITEOR, *et l'on répond :*

Que le Dieu tout-puissant vous fasse miséricorde, et qu'après vous avoir pardonné vos péchés, il vous conduise à la vie éternelle. ℟. Ainsi soit-il.

Je confesse à Dieu tout-puissant, à la bienheureuse Marie, toujours vierge, à saint Michel Archange, à saint Jean-Baptiste, aux apôtres saint Pierre et saint Paul, à tous les saints, et à vous, mon Père, que j'ai beaucoup péché par pensées, par paroles et par actions : c'est ma faute, c'est ma faute, c'est ma très grande faute. C'est pourquoi je supplie la bienheureuse Marie, toujours vierge, saint Michel Archange, saint Jean-Baptiste, les apôtres saint Pierre et saint Paul, tous les saints, et vous, mon Père, de prier pour moi le Seigneur notre Dieu.

Le Prêtre. Que le Dieu tout-puissant vous fasse miséricorde et qu'après vous avoir pardonné vos péchés, il vous conduise à la vie éternelle. ℟. Ainsi soit-il !

Que le Seigneur tout-puissant et miséricordieux nous accorde le pardon, l'absolution et la rémission de nos péchés. ℟. Ainsi soit-il !

℣. O Dieu, tournez-vous vers nous, vous nous rendrez la vie. ℟. Et votre peuple se réjouira en vous.

℣. Montrez-nous, Seigneur, votre miséricorde. ℟. Et donnez-nous votre salut.

℣. Seigneur, exaucez ma prière. ℟. Et que mes cris arrivent jusqu'à vous.

℣. Le Seigneur soit avec vous. ℟. Et avec votre esprit.

En montant à l'autel, le Prêtre dit : Prions. Effacez en nous, Seigneur, nous vous en prions, nos iniquités, afin que nous méritions de nous approcher du Saint des Saints avec un cœur pur. Par Jésus-Christ Notre Seigneur. Ainsi soit-il.

En baisant l'autel. Nous vous prions, Seigneur, par les mérites de vos saints, dont les reliques sont ici, et de tous les saints, de daigner me pardonner mes péchés. Ainsi soit-il.

Introït. Vous avez prévenu, Seigneur, votre épouse Germaine, de bénédictions pleines de douceur ; vous avez déposé sur sa tête une couronne de pierres précieuses. — *Ps. 118.* Bienheureux ceux qui sont irréprochables dans leur voie, ceux qui marchent dans la loi

---

Introitus. Prævenisti, Domine, sponsam tuam Germanam, in benedictionibus dulcedinis : posuisti in capite ejus coronam de lapide pretioso. *Ps.* 118. Beati immaculati in via, qui

du Seigneur ! Gloire au Père, et au Fils, et au Saint-Esprit ; comme au commencement, maintenant et toujours, et dans les siècles des siècles. Ainsi soit-il !

On reprend : Vous avez prévenu, etc., *jusqu'au Psaume.*

℣. Seigneur, ayez pitié de nous ! (*trois fois*). — Jésus-Christ, ayez pitié de nous ! (*trois fois*) — Seigneur, ayez pitié de nous ! (*trois fois*).

Gloire à Dieu dans le ciel, et paix sur la terre aux hommes de bonne volonté. Nous vous louons. Nous vous bénissons. Nous vous adorons. Nous vous glorifions. Nous vous rendons grâces à cause de votre grande gloire ; Seigneur notre Dieu, Roi du ciel, Dieu le Père tout-puissant. Seigneur Jésus-Christ, Fils unique, Seigneur Dieu, Agneau de Dieu, Fils du Père, vous qui effacez les péchés du monde, ayez pitié de nous. Vous qui effacez les péchés du monde, recevez notre prière. Vous qui êtes assis à la droite du Père, ayez pitié de nous. Car vous êtes le seul Saint, le seul Seigneur, le seul Très-Haut, ô Jésus-Christ, avec le Saint-Esprit, dans la gloire de Dieu le Père. Ainsi soit-il.

℣. Le Seigneur soit avec vous. ℟. Et avec votre esprit.

Prions. O Dieu, grandeur des humbles, qui avez voulu faire briller sainte Germaine, votre Vierge, de l'éclat des vertus de charité et de patience, faites, par ses mérites et son intercession que, portant constamment notre croix, nous puissions vous aimer toujours. Par Jésus-

---

ambulant in lege Domini. Gloria Patri et Filio et Spiritui sancto, sicut erat in principio et nunc, et semper, et in sæcula sæculorum. Amen.

On reprend : Prævenisti, Domine, etc., *jusqu'au Psaume.*

Ensuite : Kyrie, etc., *et* Gloria, etc.

Oremus. Deus, humilium celsitudo, qui Beatam Germanam, Virginem tuam, charitatis et patientiæ decore excellere disposuisti : ejus meritis et intercessione concede, ut, crucem jugiter ferentes, Te semper diligere valeamus. Per Dominum

Christ Notre-Seigneur, qui, étant Dieu, vit et règne avec vous dans l'unité du Saint-Esprit. Ainsi soit-il !

Epitre. Lecture du livre de la Sagesse (Cant., II, 1-12). — Je suis la fleur des champs, et le lis des vallées. Comme le lis parmi les épines, ainsi mon amie parmi ses compagnes. Comme le pommier parmi les arbres des forêts, ainsi mon bien-aimé parmi ses compagnons. Sous l'ombre de celui que j'avais désiré, je me suis assise, et son fruit était doux à ma bouche. Il m'a introduite dans le cellier de ses vins et il a posé en moi une règle à la charité. Couvrez-moi de fleurs, entourez-moi de fruits, car je languis d'amour. Sa gauche sous ma tête, sa droite m'enveloppera. Je vous en conjure, filles de Jérusalem, par les chèvres et les cerfs de nos champs, ne faites point lever ni réveiller ma bien-aimée, jusqu'à ce qu'elle le veuille. C'est la voix de mon bien-aimé. Voici qu'il vient bondissant par les montagnes, franchissant les collines. Il est semblable, mon bien-aimé, à la chèvre et au petit du cerf. Mais c'est lui ; le voilà qui attend derrière notre muraille, regardant par les fenêtres, examinant à travers les barreaux. Voilà qu'il me parle, mon bien-aimé : Lève-toi, hâte-toi, mon amie, ma colombe, ma toute belle, et

---

Nostrum Jesum Christum Filium tuum, qui Tecum vivit et regnat in unitate Spiritus sancti, Deus ; per omnia sæcula sæculorum. Amen.

Epistola. Lectio libri Sapientiæ. (*Cant.* II, 1-12.) — Ego flos campi, et lilium convallium. Sicut lilium inter spinas, sic amica mea inter filias. Sicut malus inter ligna sylvarum, sic dilectus meus inter filios. Sub umbra illius, quem desideraveram, sedi, et fructus ejus dulcis gutturi meo Introduxit me in cellam vinariam ; ordinavit in me charitatem. Fulcite me floribus, stipate me malis ; quia amore langueo. Læva ejus sub capite meo, et dextera illius amplexabitur me. Adjuro vos, filiæ Jerusalem, per capreas cervosque camporum, ne suscitetis, neque evigilare faciatis dilectam, quoadusque ipsa velit. Vox dilecti mei ; ecce iste venit saliens in montibus, transiliens colles : similis est dilectus meus capreæ, hinnuloque cervorum. En ipse stat post parietem nostrum, respiciens per fenestras, prospiciens per cancellos. En dilectus

viens ! Déjà l'hiver a passé, le brouillard a disparu et s'est retiré. Les fleurs se sont montrées sur notre terre; le temps des coupes est arrivé. ℟. Rendons grâces à Dieu.

Graduel. Tourmentée, affligée, elle a supporté la vie dans l'indigence extrême, et dans la pénurie de toutes choses. (II Cor., IV, 17.) Un léger moment de notre tribulation produit en nous un poids éternel de gloire.

Alleluia. Louons Dieu, louons Dieu. ℣. Germaine pauvre et humble, précédée du chœur des Vierges, entre dans le ciel, riche et triomphante. Louons Dieu.

Dans les Messes votives, après la Septuagésime, omettant l'Alleluia et le Verset suivant, on dit ce Trait : (Ps. XLIV). Ecoutez, ma fille, voyez et prêtez l'oreille ; le Roi est épris de votre beauté. ℣. Tous les riches du peuple brigueront la faveur de vos regards ; les filles des rois formeront votre cortège. ℣. Après elle, des jeunes filles, ses compagnes, sont amenées au Roi et lui sont présentées. ℣. Elles sont présentées dans la joie et l'allégresse, et on les introduit dans le palais du Roi.

---

meus loquitur mihi : Surge, propera, amica mea, columba mea, formosa mea, et veni. Jam enim hiems transiit; imber abiit et recessit. Flores apparuerunt in terra nostra, tempus putationis advenit. ℟. Deo gratias.

Graduale. Angustiata, afflicta, vitam in summa egestate rerumque omnium inopia toleravit. (*II, Cor.* 4.) Momentaneum et leve tribulationis nostræ æternum gloriæ pondus operatur in nobis.

Alleluia, Alleluia. ℣. Germana pauper et humilis, Virginum obviante choro, cœlum dives ac triumphans ingreditur. Alleluia.

In missis votivis post Septuagesimam, omissis Alleluia *et* ℣. *seq., dicitur* :

Tractus. (*Ps.* XLIV.) Audi, filia, et vide, et inclina aurem tuam ; quia concupivit Rex speciem tuam. ℟. Vultum tuum deprecabuntur omnes divites plebis, filiæ regum in honore tuo. ℣. Adducentur Regi Virgines post eam : proximæ ejus afferentur tibi. ℣. Afferentur tibi in lætitia et exultatione ; adducentur in templum Regis.

Pendant le temps pascal, on omet le Graduel, et on dit, à sa place, ces autres Alleluia. Louez Dieu. Louez Dieu. ℣. Germaine, pauvre et humble, précédée du chœur des Vierges, est entrée dans le ciel riche et triomphante. *Ps. 29.* Vous avez (Seigneur,) changé mes lamentations en joie, et vous m'avez entourée d'allégresse. Louez Dieu. Louez Dieu.

Avant l'Evangile, le Prêtre s'incline sur l'autel et dit: Purifiez mon cœur et mes lèvres, ô Dieu tout-puissant, qui avez purifié les lèvres du prophète Isaïe avec un charbon ardent: daignez me purifier ainsi par votre bonté et miséricorde, afin que je puisse annoncer dignement votre saint Evangile. Par Jésus-Christ Notre-Seigneur. Ainsi soit-il!

Seigneur, bénissez-moi!

Que le Seigneur soit dans mon cœur et sur mes lèvres, afin que j'annonce dignement et convenablement son Evangile. Ainsi soit-il!

℣. Le Seigneur soit avec vous ℟. Et avec votre esprit.

✝ Suite du saint Evangile selon saint Matthieu (XI. 25). ℟. Gloire à vous, Seigneur. En ce temps-là, Jésus dit en répondant: Je vous bénis, mon Père, Seigneur du ciel et de la terre, de ce que vous avez caché ces choses aux sages et aux prudents et que vous les avez révélées aux petits. Oui, mon Père, il en est ainsi parce que cela vous a été agréable. Toutes choses m'ont été données par

---

Tempore Paschali, omittitur Graduale, *et ejus loco dicitur* :

Alleluia, Alleluia. ℣. Germana, pauper et humilis, Virginum obviante choro, cœlum dives ac triumphans ingreditur. Alleluia. (*Ps.* XXIX.) Convertisti planctum meum in gaudium mihi; et circumdedisti me lætitia. Alleluia, Alleluia.

✝ Sequentia Sancti Evangelii secundum Matthæum (XI. 25). ℟. Gloria tibi, Domine. — In illo tempore, respondens Jesus dixit: Confiteor tibi, Pater, Domine cœli et terræ, quia abscondisti hæc a sapientibus et prudentibus, et revelasti ea parvulis. Ita, Pater: quoniam sic fuit placitum ante te. Omnia mihi

mon Père. Et personne ne connaît le Fils que le Père, et nul ne connaît le Père que le Fils et celui à qui le Fils aura voulu le révéler. Venez à moi, vous tous qui êtes fatigués et qui êtes chargés et je vous soulagerai. Prenez mon joug sur vous, et apprenez de moi que je suis doux et humble de cœur : vous trouverez ainsi le repos de vos âmes. Car mon joug est doux et mon fardeau est léger. ℟. Louange à vous, ô Christ !

Que nos péchés soient effacés par les paroles évangéliques.

℣. Le Seigneur soit avec vous. ℟. Et avec votre esprit.

Offertoire. Prions. J'ai trouvé celui que chérit mon âme ; je l'ai saisi et je ne le quitterai point, jusqu'à ce que je l'aie introduit dans la maison de ma mère, dans la chambre de celle qui m'a donné le jour. (Cant. des Cant., III, 4.)

*Pendant le temps qui suit jusqu'à l'*Orate, fratres, *on pourra réfléchir sur cette offrande mystérieuse du pain et du vin, qui, bientôt, consacrés et changés ainsi au corps et au sang de Jésus-Christ, seront donnés, à la communion, comme nourriture de nos âmes, et l'on produira sur ces divines vérités des actes de foi, d'adoration, de remercîment, de désir, etc.*

On pourrait, si l'on préférait, se contenter de réciter quelques-unes des prières à sainte Germaine recueillies plus loin (pp. 195-200).

Mais il est encore mieux de suivre les cérémonies et les prières du Prêtre.

---

tradita sunt a Patre meo. Et nemo novit Filium nisi Pater ; neque Patrem quis novit nisi Filius, et cui voluerit Filius revelare. Venite ad me, omnes, qui laboratis et onerati estis, et ego reficiam vos. Tollite jugum meum super vos, et discite a me, quia mitis sum et humilis corde : et invenietis requiem animabus vestris. Jugum enim meum suave est, et onus meum leve. ℟. Laus tibi, Christe.

Offertorium. Oremus. Inveni quem diligit anima mea ; tenui eum, nec dimittam, donec introducam illum in domum matris meæ et in cubiculum genitricis meæ. (*Cantic. Cant.* III, 4.)

En offrant l'Hostie: Recevez, ô Père saint, Dieu tout-puissant et éternel, cette Hostie sans tache que je vous offre, moi votre indigne serviteur, à vous, notre Dieu vivant et véritable, pour mes péchés, mes offenses et mes négligences sans nombre, pour tous les assistants, et même pour tous les fidèles chrétiens vivants et décédés, afin qu'elle serve au salut de tous pour la vie éternelle. Ainsi soit-il !

En versant l'eau et le vin dans le calice: O Dieu qui avez créé merveilleusement le genre humain dans une grande dignité, et qui, plus merveilleusement encore l'y avez rétabli, accordez-nous, par le mystère de cette eau et de ce vin, d'être unis à la divinité de celui qui a daigné s'unir à notre humanité, Jésus-Christ, votre Fils, Notre Seigneur, qui, étant Dieu, vit et règne avec vous, en l'unité de l'Esprit-Saint, dans les siècles des siècles. Ainsi soit-il !

En l'offrant : Nous vous offrons, Seigneur, le calice du salut, conjurant votre clémence de le faire monter en odeur de suavité en présence de votre divine Majesté pour notre salut et celui du monde entier. Ainsi soit-il !

S'inclinant au milieu de l'autel: Que les sentiments d'un esprit humilié et d'un cœur contrit, nous fassent agréer de vous, Seigneur ; et que notre sacrifice s'accomplisse aujourd'hui devant vous d'une manière qui vous le rende agréable, ô Seigneur notre Dieu.

Venez, Sanctificateur tout-puissant, Dieu éternel, et bénissez ce sacrifice préparé pour rendre gloire à votre saint nom.

En se lavant les doigts : (Ps. 25). Je laverai mes mains parmi les justes et j'entourerai votre autel, Seigneur.

Afin d'entendre la voix de vos louanges et de raconter toutes vos merveilles.

Seigneur, j'ai aimé la beauté de votre maison, le lieu où réside votre gloire.

O Dieu, ne perdez pas mon âme avec les impies, et ma vie avec les hommes de sang,

Qui ont le crime dans leurs mains, et dont la droite est pleine de présents.

Pour moi, j'ai marché en mon innocence ; délivrez-moi et ayez pitié de moi !

Mon pied s'est tenu dans la voie droite ; je vous bénirai, Seigneur, dans les assemblées.

Gloire au Père, au Fils et au Saint-Esprit, etc.

Au milieu de l'autel : Recevez, ô Trinité sainte, cette oblation que nous vous présentons en mémoire de la Passion, de la Résurrection et de l'Ascension de Jésus-Christ, Notre Seigneur, et en l'honneur de la Bienheureuse Marie, toujours vierge, de saint Jean Baptiste, des saints Apôtres Pierre et Paul, des Saints nos patrons et de tous les Saints, afin qu'elle serve à leur honneur et à notre salut, et que ceux dont nous célébrons la mémoire sur la terre daignent intercéder pour nous dans le ciel. Par le même Jésus Christ, Notre Seigneur. Ainsi soit-il.

Se tournant vers le peuple : ℣ Priez, mes frères, afin que mon sacrifice qui est aussi le vôtre, soit agréable à Dieu, le Père tout-puissant.

℟. Que le Seigneur reçoive par vos mains ce sacrifice pour l'honneur et la gloire de son nom, pour notre utilité et pour celle de toute son Église sainte. ℟. Ainsi soit-il !

Secrète. Dieu tout-puissant, nous vous demandons en suppliants que, fortifiés par le secours de sainte Germaine, votre Vierge, nous puissions, l'esprit pur et le cœur sans tache, accomplir ces mystères sacrés. Par

---

Secreta. Supplices te rogamus, omnipotens Deus, ut beatæ Germanæ Virginis tuæ suffulti præsidio, puris mentibus et mundo corde hæc sacra mysteria operemur. Per J. C. D. N. qui tecum vivit et regnat, etc.

J.-C. N. S. qui, étant Dieu, vit et règne avec vous, en l'unité du Saint-Esprit.

Préface. ℣. Dans tous les siècles des siècles. ℟. Ainsi soit-il !

℣. Le Seigneur soit avec vous. ℟. Et avec votre esprit.

℣. En haut les cœurs ! ℟. Nous les tenons élevés vers le Seigneur !

℣. Rendons grâces au Seigneur notre Dieu. ℟. Cela est raisonnable et juste.

Véritablement, il est raisonnable et juste, équitable et salutaire, de vous rendre grâces partout et toujours, ô Seigneur saint, Père tout-puissant, Dieu éternel, par Jésus-Christ, notre Seigneur ; par qui les Anges louent votre Majesté, les Dominations l'adorent, les Puissances la révèrent, les Cieux, les Vertus des cieux et les bienheureux Séraphins la célèbrent dans de communs transports de joie. Nous vous prions de permettre que prosternés devant vous, nous unissions notre voix à la leur, pour vous louer en répétant ce cantique :

Saint, Saint, Saint est le Seigneur, Dieu des armées. Les cieux et la terre sont remplis de votre gloire. Hosanna au plus haut des cieux ! Béni soit celui qui vient au nom du Seigneur ! Hosanna au plus haut des cieux !

CANON DE LA MESSE

Nous vous supplions donc, ô Père très clément, et nous vous conjurons, par Jésus-Christ Notre Seigneur, d'agréer et de bénir ces dons, ces offrandes, ce sacrifice pur et sans tache, que nous vous offrons principalement pour votre sainte Eglise catholique, afin qu'il vous plaise de lui donner la paix, de la conserver, de la maintenir dans l'union et de la gouverner par toute la terre, ainsi que votre serviteur, N. notre Pape, et notre Archevêque N., et tous ceux qui sont orthodoxes et font profession de la foi catholique et apostolique.

Souvenez-vous, Seigneur, de vos serviteurs et de vos servantes N. et N. *(Rappeler les personnes pour qui l'on veut prier spécialement)*, et de tous ceux qui sont ici présents, dont la foi et la dévotion vous sont connues, pour qui nous vous offrons ce sacrifice de louange et pour tous ceux qui leur appartiennent, pour la rédemption de leurs âmes, pour l'espérance de leur salut et de leur conservation, et qui vous rendent leurs hommages comme au Dieu éternel, vivant et véritable.

Unis de communion avec tous vos Saints, nous honorons la mémoire en premier lieu de la glorieuse Marie, toujours Vierge, Mère de Dieu, Notre-Seigneur Jésus-Christ, et aussi de vos bienheureux Apôtres et Martyrs, Pierre et Paul, André, Jacques, Jean, Thomas, Jacques, Philippe, Barthélemy, Matthieu, Simon et Thaddée ; Lin, Clet, Clément, Xyste, Corneille, Cyprien, Laurent, Chrysogone, Jean et Paul, Côme et Damien et de tous vos Saints ; aux mérites et aux prières desquels, accordez-nous qu'en toutes choses, nous soyons munis du secours de votre protection. Par le même Jésus-Christ Notre-Seigneur. Ainsi soit-il !

Etendant les mains sur l'Hostie et le Calice : Nous vous prions donc, Seigneur, de recevoir favorablement cette offrande de notre servitude, et qui est aussi celle de toute votre famille, de nous faire jouir de votre paix pendant nos jours, et de nous préserver de la damnation éternelle et de nous compter au nombre de vos élus. Par Jésus-Christ, Notre-Seigneur. Ainsi soit-il !

Et cette oblation, nous vous prions, ô Dieu, de faire qu'en tout point, elle soit bénie, approuvée, agréée, raisonnable et acceptée, en sorte qu'elle devienne pour nous le corps et le sang de votre Fils bien-aimé, Notre-Seigneur Jésus-Christ.

Consécration. (A la place des paroles qui ne doivent pas se traduire, on pourra dire cette prière). Mon divin Rédempteur, je crois fermement que vous êtes ici présent, et que vous renouvelez pour moi sur cet autel le sacrifice de votre vie : je vous adore du fond de mon cœur. Que vous rendrai-je pour tant de bonté? Accordez-moi votre puissant secours, car sans vous, je ne puis rien ! Pardonnez-moi mes péchés ; faites que je ne vous offense plus et que je vous aime désormais de toutes mes forces.

O sang divin, répandu pour moi avec tant d'amour et au milieu de tant de douleurs et d'ignominies ! que ce ne soit pas en vain ! guérissez-moi, purifiez-moi, sanctifiez-moi, faites que je sois tout à Dieu ; je mets en vous toute ma confiance.

O plaies de Jésus, recevez-moi ! ô Croix de Jésus, protégez-moi ! ô Mort de Jésus, sauvez-nous !

Suite des prières récitées par le prêtre: C'est pour cela, Seigneur, que nous, vos serviteurs, et avec nous votre peuple saint, faisant mémoire de la bienheureuse Passion du même Jésus-Christ votre Fils Notre-Seigneur, de sa Résurrection au sortir du tombeau et aussi de sa glorieuse Ascension au ciel, nous offrons à votre incomparable Majesté le don même que vous nous avez fait, l'hostie pure, l'hostie sainte, l'hostie sans tache, le pain sacré de la vie éternelle et le calice du salut perpétuel.

Daignez jeter un regard favorable et bienveillant sur ces dons et les agréer comme vous avez daigné agréer les présents du juste Abel, votre serviteur et le sacrifice d'Abraham notre patriarche, le sacrifice saint, l'hostie sans tache, et celui que vous a offert votre grand prêtre Melchisédech.

Nous vous en supplions, Dieu tout-puissant : ordonnez que ces dons soient portés par les mains de votre saint Ange sur votre Autel sublime, en présence de votre divine Majesté; afin que tous tant que nous sommes, qui, participant à cet Autel, aurons reçu le saint et sacré Corps et Sang de votre Fils, nous soyons remplis de toutes les bénédictions et grâces célestes. Par le même Jésus-Christ Notre-Seigneur. Ainsi soit-il !

Souvenez-vous aussi, Seigneur, de vos serviteurs et de vos servantes N. et N. (*Rappeler les défunts pour qui l'on veut prier spécialement*) qui nous ont précédés avec le signe de la foi et qui dorment du sommeil de paix. Nous vous supplions, Seigneur, de leur accorder à eux et à tous ceux qui reposent en Jésus-Christ, le lieu du rafraîchissement, de la lumière et de la paix. Par le même Jésus-Christ Notre-Seigneur. Ainsi soit-il.

Pour nous, pécheurs, vos serviteurs, qui espérons en la multitude de vos miséricordes, daignez aussi nous donner part et société avec vos saints Apôtres et Martyrs : avec Jean, Etienne, Mathias, Barnabé, Ignace, Alexandre, Marcellin, Pierre, Félicité, Perpétue, Agathe, Lucie, Agnès, Cécile, Anastasie et avec tous vos Saints, dans la compagnie desquels nous vous prions de nous admettre, non en considérant nos mérites, mais en nous faisant grâce. Par Jésus-Christ Notre-Seigneur,

Par lequel vous produisez toujours, Seigneur, vous sanctifiez, vous vivifiez, vous bénissez et vous nous donnez tous ces biens. C'est par lui, avec lui et en lui que tout honneur et toute gloire vous est rendue, ô Dieu Père tout-puissant, dans l'unité du Saint-Esprit.

Au Pater : Dans tous les siècles des siècles. ℟. Ainsi soit-il !

Prions. Avertis par les préceptes salutaires de Jésus-Christ et formés par ses divines leçons, nous osons dire :

Notre Père, qui êtes aux cieux, que votre nom soit sanctifié ; que votre règne arrive ; que votre volonté soit faite sur la terre comme au ciel ; donnez-nous aujourd'hui notre pain de chaque jour ; et pardonnez-nous nos offenses, comme nous pardonnons à ceux qui nous ont offensés ; et ne nous laissez pas succomber à la tentation ; ℟. mais délivrez-nous du mal. Ainsi soit-il !

Délivrez-nous, Seigneur, s'il vous plaît, de tous les maux passés, présents et à venir ; et par l'intercession de la bienheureuse Vierge Marie, Mère de Dieu, toujours Vierge, et de vos bienheureux apôtres Pierre et Paul et André et de tous les Saints, donnez-nous par votre bonté la paix en nos jours, afin qu'étant assistés du secours de votre miséricorde, nous soyons toujours affranchis du péché et à l'abri de tout trouble. Par le même Jésus-Christ votre Fils, Notre-Seigneur, qui, étant Dieu, vit et règne avec vous en l'unité du Saint-Esprit.

℣. Dans tous les siècles des siècles. ℟. Ainsi soit-il.

℣. Que la paix du Seigneur soit avec vous. ℟. Et avec votre esprit.

Mettant dans le calice une partie de l'Hostie : Que ce mélange et cette consécration du corps et du sang de Jésus-Christ que nous allons recevoir, nous procure la vie éternelle. ℟. Ainsi soit-il.

Agneau de Dieu, qui effacez les péchés du monde, ayez pitié de nous !

Agneau de Dieu, qui effacez les péchés du monde, ayez pitié de nous !

Agneau de Dieu, qui effacez les péchés du monde, donnez-nous la paix !

A la Communion. Seigneur Jésus-Christ, qui avez dit à vos Apôtres : Je vous laisse la paix, je vous donne ma paix, n'ayez point égard à mes péchés, mais à la foi de votre Eglise ; et daignez lui donner la paix et l'union dont vous voulez qu'elle jouisse, vous, qui, étant Dieu, vivez et régnez, dans tous les siècles des siècles. Ainsi soit-il.

Seigneur Jésus-Christ, Fils du Dieu vivant, qui par la volonté du Père et la coopération du Saint-Esprit, avez donné par votre mort la vie au monde, délivrez-moi par votre saint et sacré Corps et Sang ici présents, de tous mes péchés, et de tous les autres maux ; faites que je demeure toujours attaché à vos commandements, et ne permettez pas que je me sépare jamais de vous, qui, étant Dieu, vivez et régnez dans tous les siècles des siècles. Ainsi soit-il.

Seigneur Jésus-Christ, que la participation à votre corps que j'ose recevoir tout indigne que j'en suis, ne tourne point à mon jugement et à ma condamnation ; mais que, par votre bonté, elle serve à la défense de mon âme et de mon corps et qu'elle soit le remède à tous mes maux. Vous, qui, étant Dieu, vivez et régnez avec Dieu le Père, en l'unité de l'Esprit-Saint dans les siècles des siècles. Ainsi soit-il.

Je prendrai le pain céleste et j'invoquerai le nom du Seigneur.

En se frappant la poitrine : Seigneur, je ne suis pas digne que vous entriez dans ma maison ; mais dites seulement une parole, et mon âme sera guérie. (*Trois fois.*)

En prenant la sainte Hostie : Que le corps de Notre-Seigneur Jésus-Christ garde mon âme pour la vie éternelle. Ainsi soit-il.

En se préparant à prendre le calice : Que rendrai-je au Seigneur pour tous les biens qu'il m'a faits? Je prendrai le calice du salut, et j'invoquerai le nom du Seigneur. J'invoquerai le Seigneur en chantant ses louanges, et je serai délivre de mes ennemis.

En le prenant : Que le sang de Notre-Seigneur Jésus-Christ garde mon âme pour la vie éternelle. Ainsi soit-il.

On donne la communion aux fidèles, si elle est demandée. Le Prêtre continue : Faites, Seigneur, que nous recevions dans un cœur pur le Sacrement que notre bouche a reçu, et que le don qui nous est fait dans le temps, nous soit un remède pour l'éternité.

Que votre corps que j'ai reçu, ô Seigneur, et votre sang que j'ai bu, s'attachent à mes entrailles, et faites qu'aucune souillure du péché ne demeure en moi, après avoir été nourri par des sacrements si purs et si saints, Vous qui vivez et régnez dans les siècles des siècles. Ainsi soit-il.

Communion. Antienne. (Cant. vi, 2). Mon bien-aimé est à moi et je suis à celui qui se nourrit parmi les lis.

℣. Le Seigneur soit avec vous. ℟. Et avec votre Esprit.

Postcommunion. Prions. Restaurés par le divin présent auquel nous avons pris part, nous vous demandons, ô Seigneur notre Dieu, par l'intercession de sainte Germaine, votre vierge, de ne nous attacher qu'à Vous seul en portant sur notre corps la mortification de Jésus. Par le même J.-C. N.-S., qui, étant Dieu, vit et règne en l'unité de l'Esprit-Saint dans tous les siècles des siècles. ℟. Ainsi soit-il.

℣. Le Seigneur soit avec vous. ℟. Et avec votre Esprit.
℣. Allez, la Messe est dite. ℟. Rendons grâces à Dieu.

S'inclinant au milieu de l'Autel : Ayez pour agréable, ô sainte Trinité, l'hommage de ma parfaite dépendance ; afin que le sacrifice que, malgré mon indi-

---

Communion. (*Cant.* vi, 2.) Dilectus meus mihi, et ego illi, qui pascitur inter lilia.

Postcommunio. Oremus. Divini muneris participatione refecti, quæsumus, Domine, Deus noster, ut intercedente beata Germana Virgine tua, mortificationem Jesu in corpore nostro circumferentes, Tibi uni adhærere studeamus. Per eumdem D. N. J. C., etc.

gnité, j'ai offert à votre Majesté, soit bien reçu de vous, et que par votre miséricorde, il soit un sacrifice de propitiation pour moi et pour tous ceux en faveur de qui je l'ai offert. Par Jésus-Christ Notre-Seigneur. Ainsi soit-il.

℣. Que le Dieu tout-puissant, Père, Fils et Saint-Esprit, vous bénisse. ℟. Ainsi soit-il.

℣. Le Seigneur soit avec vous. ℟. Et avec votre Esprit.

Dernier Evangile. ℣. Commencement du saint Evangile selon saint Jean. ℟. Gloire à vous, Seigneur ! — Au commencement était le Verbe et le Verbe était avec Dieu, et le Verbe était Dieu. Il était au commencement avec Dieu. Toutes choses ont été faites par lui ; et rien de ce qui a été fait, n'a été fait sans lui. En lui était la vie, et la vie est la lumière des hommes : et la lumière brille dans les ténèbres, et les ténèbres ne l'ont point comprise. Il y eut un homme envoyé de Dieu qui s'appelait Jean. Il vint pour servir de témoin, pour rendre témoignage à la lumière. Celui-là était la vraie lumière qui illumine tout homme venant en ce monde. Il était dans le monde, et le monde a été fait par lui et le monde ne l'a pas connu. Il est venu dans son propre héritage, et les siens ne l'ont point reçu. Mais il a donné à tous ceux qui l'ont reçu, le pouvoir d'être faits enfants de Dieu, à ceux qui croient en son nom, et qui ne sont point nés du sang, ni de la volonté de la chair, ni de la volonté de l'homme, mais de Dieu. ET LE VERBE S'EST FAIT CHAIR, et il a habité parmi nous : et nous avons vu sa gloire, sa gloire comme Fils unique du Père, plein de grâce et de vérité. ℟. Rendons grâces à Dieu.

L'OFFICE DE VÊPRES

EN L'HONNEUR DE SAINTE GERMAINE

Pater noster, etc., et Ave, Maria, etc.

Deus, ✠ in adjutorium meum intende. ℟. Domine, ad adjuvandum me festina.

Gloria Patri et Filio * et Spiritui sancto,

Sicut erat in principio et nunc et semper, * et in sæcula sæculorum. Amen. Alleluia.

Antienne 1re. Ego flos campi et lilium convallium. Alleluia.

Psaume 109. Dixit Dominus Domino meo: * sede a dextris meis:

Donec ponam inimicos tuos, * scabellum pedum tuorum.

Virgam virtutis tuæ emittet Dominus ex Sion: * Dominare in medio inimicorum tuorum.

Tecum principium in die virtutis tuæ in splendoribus sanctorum: * ex utero ante luciferum genui te.

Juravit Dominus, et non pœnitebit eum: * Tu es sacerdos in æternum secundum ordinem Melchisedech.

Dominus a dextris tuis, * confregit in die iræ suæ reges.

Judicabit in nationibus, implebit ruinas: * conquassabit capita in terra multorum.

De torrente in via bibet: * propterea exaltabit caput.

Antienne 1re. Je suis la fleur des champs et le lis des vallées. Louez Dieu.

Gloria Patri et Filio, * et Spiritui sancto.
Sicut erat in principio, et nunc, et semper, * et in sæcula sæculorum. Amen.

On redit l'Antienne 1re.

Antienne 2e. Inquillini domus meæ sicut alienam habuerunt me, et quasi peregrina fui in oculis eorum.

Psaume 112. Laudate, pueri, Dominum: * laudate nomen Domini.
Sit nomen Domini benedictum, * ex hoc nunc, et usque in sæculum.
A solis ortu usque ad occasum, * laudabile nomen Domini.
Excelsus super omnes gentes Dominus, * et super cœlos gloria ejus.
Quis sicut Dominus Deus noster qui in altis habitat, * et humilia respicit in cœlo et in terra?
Suscitans a terra inopem, * et de stercore erigens pauperem:
Ut collocet eum cum principibus, * cum principibus populi sui.
Qui habitare facit sterilem in domo, * matrem filiorum lætantem.
Gloria Patri et Filio, * et Spiritui sancto.
Sicut erat in principio, et nunc, et semper, * et in sæcula sæculorum. Amen.

On redit l'Antienne 2e

Antienne 3e. Inops ego et pauper, et compatiebatur anima mea pauperi.

Antienne 2e. Les locataires de ma maison m'ont traitée chez moi comme une étrangère, et, à leurs yeux, je fus comme une voyageuse.

Antienne 3e. Pauvre et sans ressources, mon âme avait compassion du pauvre.

Psaume 121. Lætatus sum in his quæ dicta sunt mihi : * in domum Domini ibimus.

Stantes erant pedes nostri, * in atriis tuis, Jerusalem.

Jerusalem quæ ædificatur ut civitas : * cujus participatio ejus in idipsum.

Illuc enim ascenderunt tribus, tribus Domini : * testimonium Israel ad confitendum nomini Domini.

Quia illic sederunt sedes in judicio, * sedes super domum David.

Rogate quæ ad pacem sunt Jerusalem : * et abundantia diligentibus te :

Fiat pax in virtute tua : * et abundantia in turribus tuis.

Propter fratres meos et proximos meos, * loquebar pacem de te :

Propter domum Domini Dei nostri, * quæsivi bona tibi.

Gloria Patri, etc.

On redit l'Antienne 3e.

Antienne 4e. Dominus voluit me conterere in infirmitate. Alleluia.

Psaume 126. Nisi Dominus ædificaverit domum, * in vanum laboraverunt qui ædificant eam.

Nisi Dominus custodierit civitatem, * frustra vigilat qui custodit eam.

Vanum est vobis ante lucem surgere : * surgite postquam sederitis, qui manducatis panem doloris.

Cum dederit dilectis suis somnum : * ecce hæreditas Domini filii, merces, fructus ventris.

Sicut sagittæ in manu potentis : * ita filii excussorum.

Beatus vir qui implevit desiderium suum ex ipsis : * non confundetur cum loquetur inimicis suis in porta.

Antienne 4e. Le Seigneur a voulu me briser dans l'infirmité. Louez Dieu.

Gloria Patri, etc.

On redit l'Antienne 4e.

Antienne 5e. Secundum multitudinem dolorum meorum, consolationes tuæ lætificaverunt animam meam.

Psaume 147. Lauda, Jerusalem, Dominum : * lauda Deum tuum, Sion.

Quoniam confortavit seras portarum tuarum : * benedixit filiis tuis in te.

Qui posuit fines tuos pacem : * et adipe frumenti satiat te.

Qui emittit eloquium suum terræ : * velociter currit sermo ejus.

Qui dat nivem sicut lanam : * nebulam sicut cinerem spargit.

Mittit crystallum suam sicut buccellas : * ante faciem frigoris ejus quis sustinebit?

Emittet verbum suum, et liquefaciet ea : * flabit spiritus ejus, et fluent aquæ.

Qui annuntiat verbum suum Jacob : * justitias et judicia sua Israel.

Non fecit taliter omni nationi : * et judicia sua non manifestavit eis.

Gloria Patri, etc.

On redit l'Antienne 5e.

Capitule. (I Cor. I, 26.) Videte vocationem vestram, fratres, quoniam non multi potentes, non multi nobiles ; sed quæ stulta sunt mundi elegit Deus, ut confundat

---

Antienne 5e. Selon la multitude de mes douleurs, vos consolations ont réjoui mon âme.

Capitule. (I Cor. I. 26.) Voyez votre vocation, mes frères ; car peu nombreux sont les puissants, peu nombreux sont les nobles ; mais ce qui est folie pour le monde, Dieu l'a choisi pour confondre les sages, et ce qui est infirme pour le monde, Dieu

sapientes; et infirma mundi elegit Deus, ut confundat fortia, ut non glorietur omnis caro. ℟. Deo gratias.

HYMNUS.

1. Choris supernis assonet
Læto Tolosa cantico,
Civisque nomen Virginis
Plausu salutet annuo.

2. O quo nitentem divite
Virtutis omnis munere!
O quo puellam prœmio
Lux hæc decoram nuntiat!

3. Vitam videri nesciam
Germana ducit vallibus,
Agnosque ruri candidos
Custodit ipsa purior.

4. Non cultus illi corporis :
Amat profana despici;
Soli, Beatos æmulans,
Quærit placere Numini.

---

l'a choisi pour confondre les forts; ainsi aucune chair ne pourra se glorifier. ℟. Rendons grâces à Dieu!

HYMNE. 1. Aux chœurs du Paradis, que Toulouse réponde par de joyeux cantiques! Qu'elle salue le nom de la Bergère, notre compatriote, par d'annuelles acclamations!

2. Combien elle est belle sous la riche parure de toutes les vertus! De quelle splendide couronne Dieu lui a ceint le front! voilà ce que ce grand jour nous apprend.

3. Germaine cache son humble vie au sein des vallons; dans les champs, elle garde ses blancs agneaux, elle plus blanche encore!

4. Nul souci de la parure! elle aime le mépris des hommes mondains. Emule des élus, elle cherche à plaire au seul regard de Dieu.

5. Docet magistra parvulos,
Unum necesse prædicans.
Dolore nunquam libera,
Christo paratur victima.

6. Quæ nunc supernis sedibus
Agni premis vestigia,
Sacris fave pastoribus,
Gregem fidelem protege.

7. Olim saluti Galliæ
Claræ fuerunt Virgines,
Et tu, fugans hostilia,
Dulcem tuere patriam.

8. Sit Trinitati gloria,
Quæ dum superba respuit,
Inter beatos Ordines
Infirma mundi provehit. Amen.

℣. (*Aux premières Vêpres.*) Specie tua et pulchritudine tua. ℟. Intende prospere, procede et regna.

---

5. Maîtresse zélée des tout petits enfants, elle leur enseigne la seule chose nécessaire. Sans cesse aux prises avec la douleur, c'est une victime que la douleur prépare à Jésus-Christ.

6. O vous qui, dans les célestes demeures, suivez de près les pas de l'Agneau, soyez propice aux vénérables Pasteurs de l'Eglise ; étendez votre houlette protectrice sur le troupeau fidèle !

7. Autrefois d'illustres jeunes filles sauvèrent le pays de France... Et vous aussi, mettez en fuite nos ennemis de toutes sortes ; soyez le rempart de votre douce patrie.

8. Gloire soit rendue à la Trinité sainte, qui rejette les orgueilleux et élève les faibles de ce monde au rang des Bienheureux du ciel. Ainsi soit-il !

℣. (*Aux premières Vêpres*). Parée de votre gloire et de votre beauté, ℟. Apprêtez-vous à combattre, à vaincre et à régner.

A Magnificat. *Antienne.* Sustulit Dominus sponsam suam de gregibus ovium; de post fœtantes accepit eam, quia ambulavit in charitate et innocentia cordis sui.

℣. (*Aux secondes Vêpres.*) Diffusa est gratia in labiis tuis, ℟. Propterea benedixit te Deus in æternum.

A Magnificat. *Antienne.* Hymnum cantemus Domino, hymnum novum cantemus Deo nostro ; quia exaltavit humilem ancillam suam Germanam, et introduxit illam in Paradisum exultationis.

Magnificat, * anima mea Dominum :
Et exultavit spiritus meus * in Deo salutari meo.
Quia respexit humilitatem ancillæ suæ : * ecce enim ex hoc beatam me dicent omnes generationes.
Quia fecit mihi magna qui potens est : * et sanctum nomen ejus.
Et misericordia ejus a progenie in progenies, * timentibus eum.
Fecit potentiam in brachio suo : * dispersit superbos mente cordis sui.
Deposuit potentes de sede, * et exaltavit humiles.
Esurientes implevit bonis : * et divites dimisit inanes.
Suscepit Israel puerum suum, * recordatus misericordiæ suæ.
Sicut locutus est ad patres nostros, * Abraham et semini ejus in sæcula.

A Magnificat. *Antienne.* Le Seigneur a tiré son épouse de la garde des troupeaux, c'est de la suite des brebis qu'il a daigné la prendre : car elle marchait dans la charité et l'innocence de son cœur.

℣. (*Aux secondes Vêpres*). La grâce est répandue sur vos lèvres. ℟. C'est pourquoi Dieu vous a bénie pour l'éternité.

A Magnificat. *Antienne.* Chantons une hymne au Seigneur, chantons une hymne nouvelle à notre Dieu : car il a exalté son humble servante Germaine et il l'a introduite dans le Paradis de l'allégresse.

Gloria Patri, etc. — *On redit l'Antienne ci-dessus.*

℣. Dominus vobiscum. ℟. Et cum Spiritu tuo.

Oremus. Deus humilium celsitudo, qui beatam Germanam, Virginem tuam, charitatis et patientiæ decore excellere disposuisti ; ejus meritis et intercessione concede, ut, crucem jugiter ferentes, Te semper diligere valeamus. Per Dominum Nostrum Jesum Christum, etc.

℣. Dominus vobiscum. ℟. Et cum Spiritu tuo.

℣. Benedicamus Domino. ℟. Deo gratias.

℣. Fidelium animæ per misericordiam Dei requiescant in pace. ℟. Amen.

Selon les époques liturgiques, on dit, pour finir, une des quatre Antiennes à la Sainte Vierge.

Au lieu des Vêpres précédentes, on chante parfois dans les pèlerinages, sous le titre de : « Petites Vêpres », *un ou deux des Psaumes précédents, l'Hymne et le Magnificat. A l'Hymne précédente, on pourra quelquefois substituer la suivante, qui est celle de* Laudes.

1. Hinc procul fletus abeant inanes :
Strata sarmentis moritur puella ;
Sed Deus sponsæ tribuit decoram
Funere laudem.

---

1. Loin d'ici, loin de nous, les larmes vaines ! Sur une misérable couche de sarments, toute jeune elle expire ; mais Dieu pour sa bien-aimée fait jaillir du sein de la mort une gloire resplendissante.

2. Virgines sanctæ superis ab oris
Nocte labuntur, casulam petentes ;
Obviam dulci properat sorori
Candida turba.

3. Nobilis signo tumulus frequenti
Virginem cœlo monuit potentem :
Sponte Germanam populus beatam
Nomine dicit.

4. O dies lætos, ubi nunciatur
Virginem Sanctis Pius addidisse !
Triduo noctem propulit Tolosa
Undique fulgens.

5. Divites orant prius indigentem ;
Ægra quæ vixit modo sanat ægros ;
Pauperes gaudent, fuit illa pauper ;
Ecce triumphat !

6. Quum tuum nomen volitet per ora,
Cordibus nostris amor et voluptas,
Huc ades, casus miserans tuorum
Flebilis olim !

2. Des hauteurs du Paradis, les vierges saintes glissent dans la nuit vers l'humble chaumière ; elles s'empressent au-devant de leur douce compagne, cortège éclatant de blancheur.

3. Des prodiges sans nombre illustrent le tombeau de la bergère et révèlent à tous combien elle est puissante au ciel : de lui-même et le premier, le peuple béatifie Germaine.

4. Quelle explosion d'allégresse à la nouvelle que Pie IX vient d'ajouter le nom de notre Vierge aux dyptiques des Saints ! Durant trois jours de grande fête, la nuit demeura bannie de Toulouse, partout inondée de lumière.

5. Et les riches implorent cette indigente d'autrefois ! Elle, qui toute sa vie fut malade, les malades lui demandent la santé maintenant. Et les pauvres tressaillent de joie : Germaine fut pauvre comme eux, et voilà qu'elle règne triomphante !

6. Puisque votre nom vole de bouche en bouche, amour et charme de nos cœurs, venez à nous, pleine de compassion pour nos malheurs, ô vous jadis si malheureuse !

7. Sint tui nostræ similes puellæ;
Rura devoto placeant colono ;
Languidi morbo patiantur æqua
Mente dolorem.

8. Laus ut accedat Triadi per orbem,
Eia, Germana duce, christiani,
Vana mittentes, cruce glorientur
Ut cruce regnent. Amen !

Antienne du Benedictus. Memorare dierum humilitatis tuæ ; invoca Dominum, et loquere Regi pro nobis, et libera nos de morte.

Aux deux Hymnes liturgiques ci-dessus, la dévotion privée, sinon le culte public, pourrait substituer l'Hymne suivante due à une plume aussi habile que pieuse :

1. Quanto Deus, Rex Virginum,
Amore Germanam foves !
Vitam puellæ ignobilem
Quanta decoras gratia !

---

7. Puissent nos jeunes filles vous ressembler ! Puisse le colon demeurer fidèle à la vie des champs et à Dieu ! Puissent nos malades endurer leurs souffrances avec résignation !

8. Afin que l'adorable Trinité soit de plus en plus honorée dans l'univers, courage, chrétiens ! Sous les auspices de Germaine, renonçons à la vanité, mettons dans la croix notre gloire pour régner par la croix. Ainsi soit-il !

Antienne du Benedictus. Souvenez-vous des jours de votre humilité ; invoquez le Seigneur pour nous, parlez au Roi du ciel et délivrez-nous de la mort.

1. O Dieu, roi des Vierges, de quel amour vous entourez Germaine ! De quels dons merveilleux vous honorez son humble vie !

2. Quam durus ablegat pater,
Quam mille cædit ictibus
Fero noverca pectore,
Favore solaris tuo.

3. Si mane pergens ad sacra
Relinquit in pratis oves,
Tu cogis incertum gregem,
Divine Pastor, et regis !

4. Adauctus imbribus viam
Si forte rivus impedit,
Ut transeat sicco pede,
Utrinque fluctus dividis.

5. Si frusta pauperis cibi
Benigna fert egentibus,
Quum fustis urget, tu cibum
In serta vertis florea.

6. At illa virtutum tibi
Flores vicissim colligit,
Sponsoque Christo diligens
Parat rosas et lilia.

---

2. Un père dénaturé l'abandonne, une marâtre au cœur farouche l'accable de coups; mais vos faveurs la consolent.

3. Si le matin, pour se rendre au Saint-Sacrifice, elle laisse son troupeau dans la prairie, vous rassemblez ses brebis errantes, divin Pasteur, et vous les gardez vous-même.

4. Le ruisseau enflé par des pluies d'orage lui coupe-t-il le chemin ? Pour qu'elle passe à pied sec, vous partagez les eaux.

5. Pleine de charité, porte-t-elle aux pauvres les restes de son pain ? quand le bâton est levé sur elle, vous changez ce pain en bouquets de fleurs.

6. A son tour, elle cueille pour vous les fleurs des vertus ; elle prépare avec ardeur, pour le Christ son époux, des roses et des lis.

7. Labore tandem plurimo
Functam reposcis, o Deus,
Tuæque civem regiæ
Cingis perenni gloria.

8. Tu, Christe, Germanam beas ;
Amor decusque sit tibi
Cum Patre et almo Spiritu,
Nunc et per omne sæculum. Amen !

---

7. Enfin, après mille épreuves, vous la rappelez, Seigneur, et en lui donnant une place dans vos parvis, vous la couronnez d'une gloire éternelle.

8. C'est vous, ô Christ, qui glorifiez Germaine ; amour et gloire à vous, avec le Père et l'Esprit vivificateur, maintenant et dans tous les siècles. Ainsi soit-il.

PRIÈRES DIVERSES

A SAINTE GERMAINE

Litanies de sainte Germaine (1)

Seigneur, ayez pitié de nous.
Jésus-Christ, ayez pitié de nous.
Seigneur, ayez pitié de nous.
Jésus-Christ, écoutez-nous.
Jésus-Christ, exaucez-nous.
Père céleste, qui êtes Dieu, ayez pitié de nous.
Fils rédempteur du monde, qui êtes Dieu, ayez pitié de nous.
Esprit-Saint, qui êtes Dieu, ayez pitié de nous.
Trinité sainte, qui êtes un seul Dieu, ayez pitié de nous.

Sainte Marie, Vierge des vierges,
Sainte Marie, Fleur des Champs et Lis des vallées,
Sainte Germaine, fidèle servante du Seigneur,
Sainte Germaine, qui avez toujours marché dans le sentier de votre innocence,
Sainte Germaine, vierge sage et prudente,
Sainte Germaine, douce et humble de cœur,
Sainte Germaine, méprisée du monde et chérie de Dieu,
Sainte Germaine, éprouvée par la souffrance et l'affliction,
Sainte Germaine, qui avez trouvé votre gloire et votre plaisir dans la croix de Jésus-Christ,
Sainte Germaine, trésor du foyer domestique et exemple de la famille.

Priez pour nous.

Sainte Germaine, amie des pauvres avec qui vous partagiez votre pain,
Sainte Germaine, dont un prodige changea les aumônes en fleurs,
Sainte Germaine, apôtre des enfants à qui vous appreniez le catéchisme et la prière,
Sainte Germaine, qui saviez adorer Dieu en esprit et en vérité,
Sainte Germaine, qui marchiez sur les eaux pour courir aux parfums de l'Eucharistie,
Sainte Germaine, qui vous êtes sanctifiée par la pratique des petites vertus et des devoirs de votre état,
Sainte Germaine, animée de l'esprit de foi,
Sainte Germaine, soutenue et consolée par l'espérance chrétienne,
Sainte Germaine, embrasée d'amour pour Dieu et de charité pour le prochain,

Priez pour nous.

(1) Composées, en 1854, par le R. P. Corail, S. J.

Sainte Germaine, pleine d'une tendre dévotion envers Marie,
Sainte Germaine, qui n'eûtes que Dieu et les Anges pour témoins de votre mort,
Sainte Germaine, dont l'âme, dans son ascension, fut accompagnée par plusieurs vierges du Paradis,
Sainte Germaine, dont le Ciel a glorifié la vertu et la puissance par de nombreux miracles,
Sainte Germaine, l'espoir des pieux pèlerins,
Sainte Germaine, le secours des malades et des infirmes,
Sainte Germaine, la consolation de tous les malheureux,
Sainte Germaine, l'honneur et l'amour du diocèse de Toulouse,

Priez pour nous.

Daignez, par votre intercession, affermir les justes, éclairer les infidèles et ressusciter les pécheurs à la vie de la grâce,
Daignez procurer le triomphe de l'Eglise et la conversion ou l'humiliation de ses ennemis,
Daignez mettre votre houlette au service de celle du Pape et rendre les Pasteurs heureux par la fidélité et le bonheur de leurs troupeaux.
Daignez protéger notre patrie, et faites-y régner la pureté des mœurs et la pratique fidèle de la Religion.
Daignez inspirer à tous les chrétiens la simplicité des goûts, la force du caractère et l'éloignement de l'esprit du monde,
Daignez vous montrer compatissante et propice aux pauvres, aux malades et aux affligés,
Daignez nous obtenir une sainte vie, une bonne mort et une heureuse éternité,

Nous vous en supplions, écoutez-nous.

Agneau de Dieu, qui effacez les péchés du monde, pardonnez-nous, Seigneur.
Agneau de Dieu, qui effacez les péchés du monde, exaucez-nous, Seigneur.
Agneau de Dieu, qui effacez les péchéa du monde, ayez pitié de nous.
Jésus-Christ, écoutez-nous.
Jésus-Christ, exaucez-nous.

℣. Sainte Germaine, priez pour nous,

℟. Afin que nous soyons rendus dignes des promesses de Jésus-Christ.

Prions. O Dieu, grandeur des humbles, qui avez voulu faire briller sainte Germaine, votre Vierge, de l'éclat des vertus de charité et de patience, faites, par ses mérites et son intercession, que portant constamment la croix, nous puissions Vous aimer toujours. Par J.-C. N. S. Ainsi soit-il.

Vu et permis d'imprimer. — De plus, nous accordons 100 jours d'indulgence à tout fidèle de notre diocèse qui récitera dévotement les présentes litanies.

Toulouse, le 28 mars 1886.

† FLORIAN, card. DESPREZ, Arch. de Toulouse.

Petites Litanies

D'après l'Oraison liturgique de sainte Germaine

Seigneur, ayez pitié de nous, etc.
Sainte Marie, Reine des Vierges, priez pour nous.
Sainte Germaine, exaltée par le Seigneur, grandeur des humbles,
Sainte Germaine, introduite en triomphe dans les chœurs des vierges célestes,
Sainte Germaine, glorifiée pour votre charité par le miracle des fleurs,
Sainte Germaine, proclamée glorieuse pour votre patience éclatante,
Sainte Germaine, enrichie d'insignes mérites,
Sainte Germaine, puissante par votre intercession auprès de Dieu,
Sainte Germaine, portant constamment votre croix avec allégresse,
Sainte Germaine, aimant toujours le Seigneur, et, dans l'Eucharistie, lui rendant un culte assidu,
Sainte Germaine, remplie de dévotion envers la Vierge Marie,
Sainte Germaine, dont le nom seul indique le patronage étendu,

Priez pour nous.

℣. Priez pour nous, sainte Germaine,
℟. Afin que nous devenions dignes des promesses de Jésus-Christ.

Prions. O Dieu, grandeur des humbles, qui avez voulu faire briller sainte Germaine, votre Vierge, de l'éclat des vertus de charité et de patience, faites, par ses mérites et son intercession, que portant constamment notre croix, nous puissions Vous aimer toujours. Par J.-C. N. S. Ainsi soit-il.

Les mêmes, en latin (1)

Kyrie, eleison, etc.
Sancta Maria, Regina Virginum, ora pro nobis.
Sancta Germana, a Domino humilium Celsitudine, exaltata,
Sancta Germana, Virginum choris triumphans inserta,
Sancta Germana, decore patientiæ excellens declarata,
Sancta Germana, propter charitatem florum miraculo glorificata,

Ora pro nobis.

(1) Elles peuvent être chantées sur les tons connus, non pendant les Offices proprement liturgiques, mais pendant les processions et toutes les cérémonies non liturgiques où, d'ailleurs, les cantiques seraient permis.

Sancta Germana, insignibus meritis ditata,
Sancta Germana, intercessione apud Deum potens,
Sancta Germana, quæ crucem læta jugiter portasti,
Sancta Germana, semper diligens Deum et in Eucharistia Eum assidue colens,
Sancta Germana, Virgini Mariæ devotissima,
Sancta Germana, vel solo nomine multis patrona designata,

Ora pro nobis.

℣. Ora pro nobis, sancta Germana,
℟. Ut digni efficiamur promissionibus Christi.

Oremus. Deus, humilium celsitudo, qui beatam Germanam, Virginem tuam, charitatis et patientiæ decore excellere disposuisti, ejus meritis et intercessione, concede, ut, crucem jugiter ferentes, Te semper diligere valeamus. P. C. D. N.

Prière à sainte Germaine

D'après le « *Souvenez-vous* »

Souvenez-vous, ô très douce Germaine, de vos frères et de vos sœurs qui gémissent et qui souffrent dans cette vallée de larmes.

Souvenez-vous qu'ils espèrent en vous, qu'ils attendent de vous secours dans leurs épreuves, consolation dans leurs douleurs.

Souvenez-vous que vous aussi avez gémi, que vous aussi avez pleuré, que vous aussi avez connu la pauvreté, l'isolement, l'humiliation, la souffrance.

Et maintenant, dans votre gloire, souvenez-vous de nos misères ; dans votre puissance, souvenez-vous de notre infirmité ; dans notre bonheur, souvenez-vous de nos larmes. Formez-nous à l'école de votre douceur, de votre patience, de votre foi, de votre charité : puis, au sortir de ce monde, recevez-nous dans l'éternelle patrie. Ainsi soit-il.

Nous accordons 100 jours d'indulgence à tout fidèle de notre diocèse qui récitera dévotement la prière ci-dessus en l'honneur de sainte Germaine.

† FLORIAN, Card., Arch. de Toulouse.

Autre prière à sainte Germaine

D'après la prière de la Neuvaine dite « Efficace » à Saint François-Xavier

O charitable Sainte, humble et douce Germaine, adorant avec vous le Seigneur notre Dieu, qui vous a tant aimée, je viens le remercier des dons si précieux de la divine grâce dont il vous a comblée durant votre vie, et de la gloire admirable dont, après votre mort, il a daigné vous couronner.

Plein de confiance en vous, je viens aussi vous supplier de m'obtenir, par votre intercession, de sa bonté paternelle, la grâce si importante de vivre et de mourir saintement. Oh! je vous en conjure, faites, que par égard et par amour pour vous, il daigne m'accorder (*désigner ici les grâces désirées*). Et si, parmi ces demandes, il en était quelqu'une qui ne fût pas conforme à la gloire de Dieu ou au bien de mon âme, remplacez-la, ô sainte Protectrice, par celle que vous savez y convenir le mieux.

Réciter, à la suite, à volonté, en l'honneur de la T. S.-Trinité, trois fois « Notre Père », « Je vous salue », *et* « Gloire au Père », *et en l'honneur de sainte Germaine, une fois son* Oraison liturgique *et trois fois son* Invocation.

Petit chapelet de sainte Germaine

« *Jésus, mon Dieu, je vous aime par-dessus tout!* — Cette invocation, dite de sainte Germaine, a été enrichie de 50 jours d'indulgence pour le monde entier, par le Souverain Pontife Pie IX, le 24 mars 1854, jour de la béatification de la Sainte. Le rescrit autographe est du 7 mai 1854.

Voici de nouveau l'Oraison liturgique : *Deus, humilium celsitudo, qui beatam Germanam, Virginem tuam, charitatis et patientiæ decore excellere disposuisti : ejus meritis et intercessione concede, ut crucem jugiter ferentes, Te semper diligere valeamus. Per Christum Dominum Nostrum. Amen.*

En français : *O Dieu, grandeur des humbles, qui avez voulu faire briller sainte Germaine, votre Vierge, de l'éclat des vertus de charité et de patience, faites, par ses mérites et son intercession, que, portant constamment notre croix, nous puissions vous aimer toujours. Par J.-C. N.-S. Ainsi soit-il.*

Cette oraison a reçu une indulgence de 300 jours (applicable aux âmes du Purgatoire), pour les seuls associés de la Confrérie de Sainte-Germaine. (Léon XIII, le 28 août 1893.)

L'invocation : *Sancta Germana, ora pro nobis*, ou en français : « Sainte Germaine, priez pour nous! » donne droit, mais seulement aux associés de la Confrérie de Sainte-Germaine, à 50 jours d'indulgence (applicables aux âmes du Purgatoire), toutes les fois qu'on la récite. (Même bref de Léon XIII.)

De ces trois prières ou invocations réunies, enrichies d'un grand nombre d'indulgences, on peut composer une sorte de *Petit Chapelet en l'honneur de sainte Germaine.*

On peut le réciter en commun ainsi : Une personne dit d'abord la moitié de l'invocation : « *Jésus, mon Dieu* », et tous répondent par l'autre moitié : « *Je vous aime par-dessus tout* ». La même personne dit ensuite sur chaque grain de la dizaine du chapelet : « *Sainte Germaine !* » et tous répondent : « *Priez pour nous !* » A la fin de la dizaine, si l'on n'en dit pas d'autres, on récite l'oraison liturgique ci-dessus. Si l'on en dit plusieurs, on ajoute à la fin de chacune : « *Gloria Patri*, etc. », ou « *Gloire au Père*, etc. » et, après la dernière, l'oraison liturgique suivie d'un *Pater* et d'un *Ave*.

DIVERSES PRATIQUES DE DÉVOTION

En l'honneur de sainte Germaine

Se faire inscrire, à Pibrac, dans son *Archiconfrérie*, ou ailleurs, dans une des *Confréries* locales régulièrement agrégées à celle de Pibrac.

Voir pour cet objet, ou la *Notice* sur cette Association pieuse, ou le *Manuel de la Confrérie de Sainte-Germaine*. Ce *Manuel* reproduit de ce volume tout ce qui concerne le culte de la Sainte, sauf la partie historique. On y trouve de plus des méthodes pieuses pour entendre la Messe en l'honneur de sainte Germaine, pour la confession, la communion, la récitation du saint Rosaire sous les auspices de sainte Germaine, enfin des prières pour les stations de son pèlerinage. Parmi toutes ces pratiques on s'est borné ici à n'indiquer que les suivantes :

Imposition et Bénédiction du Cordon (1)

PORTÉ EN L'HONNEUR DE SAINTE GERMAINE

℣. Adjutorium nostrum in nomine Domini,
℟. Qui fecit cœlum et terram.

℣. Notre secours est dans le nom du Seigneur,
℟. Qui a fait le ciel et la terre.

(1) Conformes au *Rituel romain*, dernière édition complète.

℣. Dominus vobiscum,

℟. Et cum Spiritu tuo.

Oremus Domine Jesu Christe, bene✝dic, quæsumus, hoc cingulum, et præsta, ut qui (*vel* quæ) illud gestaverit, Sanctæ Germanæ protectione munitus (*vel* munita), ab omnibus periculis defendi, atque animæ et corporis sanitatem percipere mereatur. Qui vivis et regnas, Deus, in sæcula sæculorum. ℟. Amen.

Consécration des Enfants à Sainte Germaine.

℣. Dominus vobiscum, ℟. Et cum Spiritu tuo.

℣. Sequentia sancti Evangelii secundum Marcum.

℟. Gloria tibi, Domine !

In illo tempore, dixit Jesus discipulis suis : Sinite parvulos venire ad me, et ne prohibueritis eos : talium est enim regnum Dei. Amen dico vobis : quisquis non receperit regnum Dei velut parvulus non intrabit in illud. Et complexans eos et imponens manus super illos, benedicebat eos. ℟. Deo gratias.

℣. Le Seigneur soit avec vous,

℟. Et avec votre esprit.

Prions. Seigneur Jésus-Christ, bénissez ✝, nous vous en prions, ce cordon, et faites que celui (ou celle) qui le portera, muni (ou munie) de la protection de sainte Germaine, mérite d'être défendu (ou défendue) contre tous les dangers et de recevoir la santé du corps et de l'âme. Vous qui, étant Dieu, vivez et régnez dans les siècles des siècles. ℟ Ainsi soit-il !

℣. Le Seigneur soit avec vous. ℟. Et avec votre esprit.

℣. Suite du saint Evangile selon saint Marc. ℟. Gloire à vous, Seigneur !

En ce temps-là, Jésus dit à ses disciples : Laissez venir à moi les petits enfants et ne les empêchez point ; car le royaume de Dieu appartient à qui leur est conforme. En vérité, je vous le dis : quiconque ne recevra pas comme un petit enfant le royaume de Dieu n'entrera pas dans ce royaume. Et les embrassant, il leur imposait les mains et il les bénissait. ℟. Rendons grâces à Dieu !

℣. Ora pro nobis, sancta Germana. ℟. Ut digni efficiamur promissionibus Christi.

Oremus. Deus, humilium celsitudo, qui Beatam Germanam, Virginem tuam, charitatis et patientiæ decore excellere disposuisti : ejus meritis et intercessione concede, ut, crucem jugiter ferentes, Te semper diligere valeamus. Per Dominum Nostrum Jesum Christum, etc. ℟. Amen.

Osculando reliquias : ℣. Sancta Germana, ℟. Ora pro nobis.

Consécration ou Offrande des Malades à Sainte Germaine.

℣. Dominus vobiscum, ℟. Et cum Spiritu tuo.

℣. Sequentia sancti Evangelii secundum Matthæum.

℟. Gloria tibi, Domine!

In illo tempore, cum transisset inde Jesus, venit secus mare Galileæ, et ascendens in montem, sedebat ibi. Et accesserunt ad eum turbæ multæ habentes secum mutos, cæcos, claudos, debiles, et alios multos : et projecerunt

---

℣. Priez pour nous, sainte Germaine. ℟. Afin que nous devenions dignes des promesses de Jésus-Christ.

Prions. O Dieu, grandeur des humbles, qui avez voulu faire briller sainte Germaine, votre Vierge, de l'éclat des vertus de charité et de patience, faites, par ses mérites et son intercession que, portant constamment notre croix, nous puissions Vous aimer toujours. Par J.-C. N. S. ℟. Ainsi soit-il.

(En baisant les reliques). ℣. Sainte Germaine, ℟. Priez pour nous.

℣. Le Seigneur soit avec vous. ℟. Et avec votre esprit.

℣. Suite du saint Evangile selon saint Mathieu, ℟ Gloire à vous, Seigneur!

En ce temps-là, Jésus retournant de Tyr et de Sidon, vint près de la mer de Galilée, et gravissant la montagne, il s'arrêta là. Et des foules nombreuses s'approchèrent de lui ayant avec elles des muets, des aveugles, des boiteux, des personnes

ad pedes ejus, et curavit eos, ita ut turbæ mirarentur, videntes mutos loquentes, claudos ambulantes, cæcos videntes : et magnificabant Deum Israel. ℟. Deo gratias.

℣. Ora pro nobis, sancta Germana ; ℟. Ut digni efficiamur promissionibus Christi.

Oremus. Deus, humilium celsitudo, qui Beatam Germanam, Virginem tuam, charitatis et patientiæ decore excellere disposuisti : ejus meritis et intercessione concede, ut, crucem jugiter ferentes, Te semper diligere valeamus. Per Dominum Nostrum Jesum Christum, etc. ℟. Amen.

Osculando reliquias : ℣. Sancta Germana, ℟. Ora pro nobis.

---

faibles et beaucoup d'autres malades, et ils les placèrent à ses pieds, et lui les guérit. De sorte que les foules étaient dans l'admiration en présence de muets qui parlaient, de boiteux qui marchaient, d'aveugles qui voyaient ; et elles exaltaient le Dieu d'Israël. ℣. Rendons grâces à Dieu.

℣. Priez pour nous, sainte Germaine. ℟. Afin que nous devenions dignes des promesses de Jésus-Christ.

Prions. O Dieu, grandeur des humbles, qui avez voulu faire briller sainte Germaine, votre Vierge, de l'éclat des vertus de charité et de patience, faites par ses mérites et son intercession, que portant constamment notre croix, nous puissions Vous aimer toujours ! Par J.-C. N. S. ℟. Ainsi soit-il.

(En baisant les reliques). ℣. Sainte Germaine, ℟. Priez pour nous.

DIVERS ACTES DE CONSÉCRATION
A SAINTE GERMAINE

Des enfants venus en pèlerinage après leur première communion.

O sainte Germaine, céleste patronne, nous, enfants de la paroisse de... (1), accourus, au lendemain de notre première communion, en pèlerinage auprès de vous, nous souvenant de la tendre amitié que vous portiez aux enfants de notre âge, des saints exemples que vous leur donniez, et de votre zèle touchant pour les réunir autour de vous afin de leur apprendre le catéchisme, la prière, le service et l'amour du bon Dieu, nous venons vous prier de vouloir nous admettre tout particulièrement au nombre de vos clients et de vos protégés.

Petits agneaux du troupeau de Jésus, le bon Pasteur a daigné nous conduire à ce merveilleux pâturage où, se donnant lui-même, il fait de son corps notre nourriture et de son sang notre boisson. Nous lui avons promis de lui rester fidèles, de ne pas l'offenser, de vivre et de mourir avec lui et pour lui.

Le jour de votre première communion, vous fîtes, vous aussi, de semblables promesses, et pas un seul instant vous n'y avez failli : la présence de Dieu, la prière fervente, la dévotion à Marie, la modestie, la vigilance et la fuite des dangers, l'assiduité aux offices de l'Eglise, la fréquentation du sacrement de pénitence et de la sainte communion, furent les sûrs moyens de votre persévérance, et ce furent aussi les sources de

(1) De la communauté de..., du pensionnat de..., etc.

l'humilité, de la pureté, de la charité, de la patience, du saint amour de Dieu, de toutes les vertus qui vous ont rendue si glorieuse.

Parfait modèle de l'enfance, donnez-nous d'imiter votre persévérance en embrassant les mêmes moyens.

Nous nous donnons à vous, nous nous consacrons à vous. C'est sous votre houlette que désormais nous voulons vivre dans le service du bon Dieu. Vous connaissez, vierge prudente, notre faiblesse et notre inconstance, et vous n'ignorez pas l'astuce et la malice du loup cruel qui rôde autour de nos âmes. Veillez sur nous, sainte Bergère, gardez-nous, défendez-nous toujours contre ses morsures infernales.

Faites-nous prospérer, comme vos chers agneaux, dans la grâce et la vertu. Puissions-nous devenir de plus en plus la joie de nos familles, l'édification de la paroisse (1), l'honneur de votre nom et du nom du bon Dieu, afin qu'un jour, au Ciel, dans l'assemblée des Saints, nous soyons pour l'éternité, les compagnons de votre gloire ! Ainsi soit-il.

℣. Sainte Germaine, ℟. Priez pour nous. (*Trois fois.*)

Des Congréganistes de la T. Sainte-Vierge, ou Enfants de Marie.

Sainte Germaine, notre aimable patronne, nous, Enfants de Marie de la paroisse de... (2), accourues auprès de vous en saint pèlerinage, nous souvenant de l'amitié parfaite que vous portiez à vos compagnes, des exemples et des conseils, que votre zèle leur prodiguait, ainsi que des grâces innombrables que vos prières et votre intercession n'ont cessé d'obtenir depuis des siècles à tant

(1) On pourrait dire aussi, selon les circonstances : « de la communauté, du pensionnat, du collège, du séminaire, etc. »

(2) Dire, selon les circonstances : « du pensionnat de..., du couvent de..., de la communauté de... »

de jeunes chrétiennes qui vous ont invoquée, nous venons, remplies de confiance, vous prier de daigner nous admettre tout particulièrement au nombre de vos clientes et de vos protégées.

Reçues déjà par la bonté de Marie, notre céleste Mère, dans le sein de sa famille choisie, et, à ce titre, décidées à lui plaire, à la servir et à lui faire honneur, nous avons pris l'engagement solennel d'être toujours fidèles aux saints devoirs des Enfants de Marie.

O vous, qui avez tant aimé cette Reine des Vierges, qui l'avez tant priée et si bien imitée, obtenez à vos Sœurs qui aujourd'hui vous en conjurent, l'humilité, la pureté, l'esprit de prière et de pénitence, la charité, l'amour des saints autels et de l'Eucharistie, toutes ces vertus, enfin, que l'Eglise en vous invoquant, se plaît à reconnaître en vous. O notre parfait modèle, notre patronne et notre protectrice, nous nous donnons à vous, nous nous consacrons à vous. C'est sous votre houlette que désormais nous voulons vivre! Gardez-nous bien, vigilante Bergère, défendez-nous de la rage des loups! Faites-nous prospérer, comme votre troupeau, dans toutes les vertus de la terre et du ciel, afin que, devenant de plus en plus dans cette vie la joie de nos familles, l'édification de la sainte Eglise, l'honneur de votre nom et des noms de Jésus et de Marie, nous méritions d'être, après notre mort, associées à votre gloire dans le céleste Paradis. Ainsi soit-il.

℣. Sainte Germaine, ℟. Priez pour nous! (*Trois fois.*)

D'une paroisse, par M. le Curé.

Sainte Germaine, puissante et douce patronne, les paroissiens de... accourus auprès de vous en saint pèlerinage, viennent en ce moment, avant de vous quitter, vous présenter encore leurs vœux et leurs hommages.

Ils désirent aussi vous donner tous ensemble, par la voix de leur Pasteur, un éclatant témoignage de leur pleine confiance, en se vouant et en se consacrant à vous !

Vous fûtes sur la terre le modèle accompli des paroissiens parfaits : assidue à l'église, le dimanche, les jours de fête, et chaque jour de la semaine, vous vous montriez dans le saint lieu avec une tenue extérieure pleine de respect et d'édification. Vous y gardiez un profond recueillement dans la prière, une attention soutenue aux cérémonies de la messe et des autres offices. Votre docilité filiale à écouter la parole de Dieu, votre zèle héroïque pour fréquenter les sacrements de Pénitence et d'Eucharistie, votre vénération, votre reconnaissance envers le Prêtre, ministre de Jésus, votre confiance en lui, c'était là les vertus, ô sainte paroissienne, dont vous donniez à tous d'admirables exemples et que Dieu même approuvait par de touchants miracles !

Notre divin Maître, le Seigneur Jésus, voulant un jour nous faire comprendre la vraie nature de son autorité sur nous, s'est appelé le bon Pasteur ; pour lui, ses disciples sont des agneaux et des brebis, son Eglise un saint bercail ; le Pape, les Evêques, les prêtres des paroisses, tous ses représentants auprès des âmes, ont le nom de Pasteurs. Considérés sous ce divin aspect, tous les chefs légitimes de la famille et de la société sont aussi des pasteurs, leur sceptre est une houlette, leurs sujets sont des ouailles.

Admirable Bergère, combien votre secours en ces heures troublées, est nécessaire à la famille, à la paroisse, à la cité, à toute la nation ! Aussi, nous venons tous nous mettre de grand cœur sous votre pastorale protection, nous ranger tous avec empressement, et pasteur et troupeau, sous votre douce et puissante houlette. Gardez-nous tous ; veillez sur nous ; défendez-nous contre les loups cruels ; préservez-nous de tous les maux qui menaceraient nos corps ou nos âmes. Faites-nous prospérer, comme jadis votre troupeau, afin que marchant à votre suite dans toutes les vertus de la terre et du ciel, nous puissions tous, un jour, nous réunir auprès de vous, dans l'éternel bonheur. Ainsi soit-il.

℣. Sainte Germaine, ℟. Priez pour nous. (*Trois fois.*)

TABLE DES MATIÈRES

18

DEUXIÈME PARTIE

MIRACLES.

TROISIÈME PARTIE

PIBRAC.

NEUVAINE

EN L'HONNEUR DE SAINTE GERMAINE COUSIN.

OFFICES LITURGIQUES

EN L'HONNEUR DE SAINTE GERMAINE.

PRIÈRES DIVERSES

A SAINTE GERMAINE.

DIVERSES PRATIQUES DE DÉVOTION

EN L'HONNEUR DE SAINTE GERMAINE.

Abbeville, imp. C. Paillart, Editeur des *Brochures illustrées de Propagande Catholique*.